だいわ文庫

老いのシンプルひとり暮らし

阿部絢子

大和書房

プロローグ
六〇歳が近づいたとき、急に老いの生活がリアルに感じられた

私がまだ三〇代の頃、まわりにはステキな六〇代の女性が何人もいた。みんな元気で溌剌《はつらつ》としていたので、「あんなふうになれたらいいな」と憧れ、歳をとることの不安はあまり持たなかった。ただ、六〇歳というのは還暦であり、定年退職の年齢でもあり、漠然と区切りの歳のようには感じていた。

四〇代を過ぎ五〇代になると、目標に近づいていない自分（ステキになっていない自分）に気づいて、「もっとちゃんとしなければならない」と少しあせるようになった。しかしまだ、「将来はどうなるのだろう……」と思い悩むことなく、どちらかというと「将来はどうしようか？」と前向きに考えていた。

そんな私だったが、六〇歳が間近になったとき、老後の生活が急にリアルなもの

として、襲いかかってきたのだ。六〇歳を前にして、自分のあやうい経済生活やこれからのことが心配になり、漠然とした不安を感じて、夜になかなか寝つけなかったり、夜中に目が覚めてしまうことが何度もあった。

何しろ、当時私は有名デパートである松屋銀座の消費者相談室の契約社員として勤めてはいたものの、「消費生活アドバイザー、生活研究家」という不安定なフリーの職業ということもあって、不安が襲いかかってきたわけである。

それから数年。試行錯誤しながらも、ようやく「老いていくのもしょうがない。衰えていくのもしょうがない。ま、いっか」と悟り、今では老いつつある自分と仲良く暮らしている。

「夫や子どもがいなくて不安じゃない？」と聞かれることがあるが、最初からいないんだもの、答えようがない。

でも少なくとも若いときのほうが「ひとりの不安」はあったような気がする。

私がひとりで生きていこうと決断したのは三五歳で、そこまではフラフラしていた。今だったら四〇歳を過ぎて子どもを産む人もいるから、三五歳じゃないかもしれないけれど、四〇歳になると、やはりひとりで生きていく覚悟はいると思う。

また、たとえ夫や子どもがいても、自立してひとりで生きるという感覚は持っていたほうがいい。夫はいつ死ぬかわからないし、子どもがいても一緒に暮らさないかもしれないし、頼ってばかりもいられない。

それに、夫がいても子どもがいても、「老いの暮らし」の心構えや生活の方法は、ひとり暮らしとさほど変わらないように思う。

結論から言えば、自分のペースで生活でき、わがままに生きられる「老いのひとり暮らし」はかなり楽しい。

それは「衰える体力」や「しのびよる老後の不安」と上手に付き合いながら、「ひとりの老い」を思いっきり自由にノビノビ楽しんで暮らすコツを、上手につかむことができるようになってきたからだと思う。そのコツとは、まず暮らしの贅肉を落とし、生活を身軽にしておくこと。そして、「いつも前向きでいられるための気持ちのコツ」をつかんでおくことだと思う。

「老い」をひとりでシンプルに楽しく生きるために、私がしていることをここにまとめてみた。私は消費生活アドバイザーなので、老後の細かい不安についても書き出し、私なりの解決策を書いてみた。

第1章では、ひとりの老いとうまく付き合っていくための「気持ちの持ち方」。第2章では生活の基盤になる「住まいと整理収納法」。第3章では、健康な老後をつくる「体に良くておいしい食生活の方法」。第4章は老いても元気でいようと思う私の「心意気」をまとめた。

人は誰でも最後はひとりになる。この本を読んでくださったみなさんが、ひとりで老いる不安が少なくなり、気持ちが前向きに、明るくなれたとしたら、とてもうれしく思う。

老いのシンプルひとり暮らし

目次

第１章　気持ちの持ち方編

「ひとりの老後」を不安に感じたら

——堅実さと「ま、いっか」を程良くミックスしよう

第2章　生活実践編①

暮らしの基盤は住まいから
——快適な住まいの作り方と、らくらく収納術・掃除術

第３章　生活実践編②

健康あってのイキイキ老後計画

――心と体が喜ぶ食生活と、使いやすいキッチンの作り方

第４章　老いの心意気編

自分の後始末は自分でしていきたい
――負の遺産を残さない生き方

第１章　気持ちの持ち方編

「ひとりの老後」を不安に感じたら

――堅実さと「ま、いっか」を程良くミックスしよう

「ひとり」は気楽で楽しい！

◆自分のペースで暮らせることが、何よりうれしい

「ひとりの老後」はたしかに不安である。

不安でないと言ったらウソになる。

しかし、実は、不安は自分で作っているのである。将来を勝手に悲観的にあれこれ想像して不安がっているだけで、現実のことではないのである。

たった一度の人生、せっかく生きているのだから、そのようにクヨクヨ心配し、明日を不安に思って憂いて暮らすのではなく、未知の明日に何があるか、ワクワクしていたいものである。

実際に六〇歳を過ぎると、体力がなくなり、決断力は鈍くなり、記憶力は衰え、

新しいものは覚えにくくなる。でもそんなことは、今まで培《つちか》ってきた経験で乗り越えられる。

私の尊敬する大先輩、生活評論家でエッセイストの吉沢久子《よしざわひさこ》先生は、助けを借りながらも九八歳でひとり暮らし！　とても楽しそうに充実した毎日を送っている。

私もひとり暮らしだが、とても楽しい。

この章では「前向き」に老後を楽しむ、気持ちのコツを書こうと思うのだが、それより前に、まず、ひとり暮らしの最大の良さをあげてみたい。

まず、世の中には「老いてひとりはさびしい」と思い込んでいる人は少なくない。

本当にそうだろうか？

私のようにずっとひとり暮らしの人間も、かつては夫や子どもと一緒に暮らしていたが今はひとり暮らしになった友人や知人たちも、多くは「ひとり暮らしはいい」と言う。性格にもよるだろうけれど、ひとり暮らしとは、心配するほどさびしいものではなく、慣れれば気楽で楽しいものである。

ひとり暮らしの良さ——それはなんといっても、「自分のペースで暮らせる」こと。ごはんを食べる時間も、掃除をする時間も、買い物に出かける時間も、自分のペースでできる。

◆何でも自分で決められるって、気持ちいい

それから「何でも自分で決められる」というのもいい。嫌ならやめればいいし、気兼ねもないし、やりたくなければやらなくてもいい。

たとえば食事に誘われても、夫がらみのお誘いならば行きたくなくてもなかなか断れない。でもひとり暮らしなら自分の判断でお断りもできる。とても気楽である。

お金も時間も、自分の判断で使える。束縛されるものがない、自分で何でも決められるって、なんて気持ちいいんだろうと思う。

その自由の味を知ったら、束縛されるのは嫌になってしまう。

自分というものが感じている思いをストレートに出して実行できるのがいい。

たとえば仲間で旅行に行くと、私なんて気分によっては午前中からビールを飲んだりする。

そうすると夫婦で暮らしている人は、「どうして朝からビールなんて飲むの？」と言う。仕事で旅行しているわけじゃなし、ビールくらい飲んだっていいと思うけ

れど、そういう人は自分の気持ちより世間体とか夫とかの目が気になるらしい。

でも夫が亡くなり、子どもも巣立ってひとり暮らしになると、気持ちが素直になって「朝からのビールも楽しい！」と変化してくる。

そういうことなんだろうなって思う。

◆誰かにおうかがいをたてなくてもいい

何を食べるか、仲間と旅行に行くかどうか、何にお金を使うか、それを決めるのは自分であり、誰にもおうかがいをたてなくてもいい。

夫などの同居人に「海外旅行に行かせていただきます」なんてへりくだる必要もなく、自分の都合で旅行に行ける。自分のお金なんだから、誰からも使い道の文句を言われたりしない。

何かを決めるとき、世間体や夫や子どもの判断でやるのではなくて、自分の気持ちが向くことを、節度を持ってやればいいっていうことなんだろうと思う。

それができるのがひとり暮らしのいいところなのだ。

こんなにわがままにできる暮らしってないと思う。

旅行に誘われても、夫の許可をもらうまで返事ができない生活ってどうなんだろう。一度、自由の味を知ってしまうと、戻れない。日本の女性の再婚率が低いのは、そんなところにあるのかもしれない。

◆ひとり暮らしをおそれることは全然ない

このように、ひとりの生活はラクなのだから、おそれることは全然ない。

「ひとりでごはんを食べるなんてさびしい」と勝手に想像して悲観する人もいるけれど、ひとりでごはんを食べるのも悪くない。ワイワイ友だちと一緒に食べることもあれば、ひとりでゆっくり食べるときがあってもいい。

私はひとりのペースが好き。新聞を読みながらゆっくり食べるときもあるし、サッとすませたいときは、手早く食べてしまう。そういうメリハリもひとりだとうまくつけられる。

自分以外の人間がいると、その人に合わせて、食事を作ったり、時間を調整しなくちゃいけない。私の友だちは、うちに泊まりにきても勝手にやってくれるけれど、それでも人が居て、自分のペースでズンズン進めるわけにもいかないことがあると、

「やっぱり、誰かと暮らすのは大変だな」と思ったりする。

何でも自分のペースでできることは、何よりすばらしいことだ。

さて、このように楽しい「ひとり暮らし」だが、生きていれば当然のことながら、不安で眠れないこともあれば、へこむことだってある。同居人がいないことで気楽なぶん、ひとり暮らしは気分の切り替えが難しいところもある。

そんな自分とうまく付き合って、前向きに楽しく生きていくために、私がいつも心に留めていることを、次ページからの「ひとり暮らしの5つのコツ」にまとめてみた。

ひとり暮らしのコツ1

一〇〇点でなくていいから、自分で決める

◆自分で決断する。決断しないと前には進めない

ひとり暮らしをしていても、困ったときに誰かに助けてもらうことはできる。でも決断は自分でしなければならない。

決断するときに大事なことは、他人に頼らず、自分で決めること。引越しをしたり、家の修理をするということから、テレビを買い替えることまで、自分で決断しなければいけないが、「もしかすると間違った選択かもしれない」なんておそれずに、自分で決めていこう！

失敗をおそれていると、何も決められない。

決めかねて決めかねてずっと問題を抱えたままでは、何も解決しないので、いつ

かは自分で決めていくしかない。

もしかしたら、選択した道は穴ぼこがあるかもしれないし、大波がくるかもしれない。でもそんなことを心配していたら何も決められない。

とりあえずでも決めないと、前には進めない。

たとえば老人ホームに入るかどうか迷っているうちに、そこの老人ホームが満員になってしまうかもしれない。

どこの生命保険に入るかどうか迷っているうちに、病気になるかもしれない。

子どもが住むマンションに空き部屋ができても、引越すかどうか迷っているうちにそのマンションの部屋は売れてしまうかもしれない。

もし失敗したら早く次の手を打てばいいだけだし、変更もできる。一度決めたら、二度と取り返しがつかないわけじゃない。

何か決めなければ始まらないし、一歩も先には進まない。

完璧な選択なんてないし、完璧な選択をしようとすると決まらない。

私は人生一〇〇点なんて取ろうとせず（取りたくっても取れないから）、六〇点くらいでいいと思っている。

◆六〇歳をこえると、決断力が鈍くなるので早めに手を打つ

六〇歳をこえると、体力や気力が衰えて、決断力までもが鈍ってくるらしい。ひとりで暮らすか、子どもと暮らすか、老人ホームへ行くか、決断力が鈍って決められなくなっている人が多くなる。

でも、自分がどこで生活をしたいのか、どんな生活をしたいのかは、自分で選ぶしかないのだ。

自分で決められなくて、子どもや夫が決めた生活になってしまったとして、それで不満タラタラなんて、すごーくかっこ悪い。

決断力が鈍っていることを自覚して、早めに決断する、その努力が大事だし、あるいは、早いうちに、きちっと自分の中だけでも、大きな方針を決めておいたほうがいいんじゃないかと思う。

私は三五歳くらいのとき、私の両親に、今思えばずいぶん思い切った宣言をしている。

「あなたはひとりで死になさい。私たちきょうだいは自分の暮らしで手いっぱいで

す。私たちも自立をして迷惑をかけないようにしていきますから、あなたたちも迷惑をかけないようにしてください」

父はもう亡くなったが、母は現在九五歳で、新潟の老人ホームで元気に暮らしている。自室にホームの友人が来ておしゃべりしたり、習字を習ったり、楽しそうだ。

私が母に宣言した言葉が効いているのかどうかわからないけれど、迷っても、落ち込んでも、弱音を吐くことも少なく、立ち直っている。九五歳にしては、なかなかすばらしいと思う。

母も私が尊敬する先輩のひとりである。

自分の中で優先順位を決める

◆自分にとって何が大切か？　自分の基準を決める

この歳になってみると、自分なりの人生の基準のようなものをしっかり持っていなくてはダメだと思うようになった。

自分の基準とは、たとえば自分はこんなデザインの洋服を着る、こんなことにお金を使う、などというもので、自分にとって何が必要で、どんなことなら必要ないのか、それらの理由をはっきりさせることだ。

若いときは何も考えずに力まかせでも平気で、何でもできてしまうもの。考えるより先にできてしまうことも多かったはず。

特に私たちの世代は、世の中の状況がいいときを生きてきたので、さほど考えなくても暮らしは成り立ってきた。

でも今、世の中は不景気だし、六〇歳を過ぎると経済的にも縮小しているので、すべて平均にお金も時間も使うわけにはいかない。気力も体力も集中力も衰えてくるので、何でもかんでもやるのは無理になってくる。

自分にとって大切なものは何か。何を優先してやりたいか。

もう一度じっくり考えてみて、大切なことを優先してやり、どうでもいいことには、手を出さないことだ。

◆得手・不得手を把握して、時間を有効活用する

また、一日のうちで、自分の得意な時間と不得意な時間がはっきりしてくることが多くなる。

私は、午前中は元気だけど、午後三時を過ぎると、もう頭がまわらなくなってしまう。それに合わせて行動しないと無駄も多いし、簡単なことができなくなってしまって、自分を責めたりする。それがストレスになる。

五〇代のときは仕事を三つくらい掛け持ちするのは平気だったけれど、体力や気

力、集中力が衰えた今ではもう、ひとつくらいしかできなくなっている。

同時にいろんなことができない。

短時間なら仕事を集中してやることはできるけれど、長時間続けては無理だし、徹夜仕事もできなくなった。若いときだったら、疲れても一晩寝れば回復したけれど、もう一晩では回復不可能だ。

つまり、**どんな生活パターンにすれば、自分は元気でいられるのか、一日のうちに集中できて、元気なのはいつかを把握すること。**

「明日、大事な仕事があるなら早く寝よう」とか、「二晩続けて飲みには行かない」とか、自分の体調をコントロールすることが大事。コントロールに失敗すると、体力も回復しないし、気力も萎《な》えてしまう。

一日の体調の変化とともに、私には季節のバイオリズムもある。

冬はあまり仕事をしたくないと思ってしまうし、掃除もしなくてもいいかなと思ってしまう。つまり、寒いのが大の苦手。でも、春になるとソワソワしてきて、食事も作りたくなるし、掃除もしたくなる。ハイの状態になってくる。

そうやって自分の体調を把握していると、どうして自分はやる気がないんだろうと落ち込むこともないし、元気な時期に合わせてイベントを計画すれば楽しくできる。いつもいつも元気！　なんて無理なのだ。

◆苦手なことほど、だんだんしなくなる

だんだんと苦手なことはやりたくなくなって、腰が重くなってくる。

だから自分に気持ちいいことを見つけて、前向きになっていかないと、何もやらなくなってしまう。

ひとり暮らしだから誰にも文句も言われない代わりに、誰からも評価されないために、その傾向が強まる気がする。

ある新聞のコラムで、小学校の先生をやっていた人の話が掲載されていた。

その人はいつも他人と比べて自分を評価しているために、いつもストレスを感じていた。学校を辞めて違うことを始めても、やはり他人と比べての評価ばかりになって、息苦しさは消えない。これはなんだか変だと思って、もっと素直に自分の感情を観察してみた。

すると、朝早く起きられたというだけですごくうれしかったり、季節が変わりつ

つあるのを感じるだけで気分がよいことに気がついた。なんだ、自分はそんな単純なことでうれしいのだと、やっとわかった。自分を他人と比べて幸せかどうかを確かめなくても、自分の中で感じる小さなことで幸せになれると気がついて、息苦しさがなくなったそうだ。

テーブルの上がきれいだと気持ちいいな。

きれいに洗濯してある服で気持ちいいな。

今日のごはんはおいしいな。

青空で風が気持ちいいな。

そう感じる自分の気持ちを大切にして、自分が気持ちよくなるようなことをやっていこうと思えばいい。そうすると前向きに生きていけるんじゃないかと思う。

ひとり暮らしのコツ3

お金はメリハリをつけてケチる

◆どうでもいいことに、お金は使わない

誘惑に負けてスーツやバッグを買いたくなるときだってある！　でも誘惑に負けてあれもこれもとお金を使わない。グッと締めていれば、まとまったお金になり、生活にも気持ちにも余裕が出る。どうでもいいようなことにお金を使わず、お金は貯めて大きく使う。ケチることは大事なのだ。

暮らしの家計は収入の七〇〜八〇％にして、二〇〜三〇％は貯めるようにしていれば、大きく使うことができる。いつも収入の一〇〇％全部を使ってしまったら、いざというときに、貯金もなくて困ってしまう。友だちに誘われても旅行にも行けないし、何かをしたくてもできない。気分転換もできない。

使いたいときに使えるような、自由になるお金はあったほうがいい。あれば心に余裕ができる。やはりお金がないのは気が滅入《めい》る……。

ケチらないより、ケチったほうがずっといいけれど、それでも、何でもかんでもケチって、お金は使わないというのもさびしいので、自分の中で優先順位をつける。

私はいろんなところでケチっているけれど、「食」にだけはケチらない。

一番ケチりたいと思っているのは、見栄のお付き合い。たとえばクラス会や同窓会でも、楽しそうなら参加してもいいけれど、それほど楽しくないことが予想されるのに七千円も八千円もするような高額な集まりには行かない。

お金は考えて考えて、よ～く考えて使わなければいけない。

◆お金は余裕があって貯めるものではない

お金は余裕ができてから貯めるものではなく、余裕がないから貯めていると、それで余裕ができてくるものなのである。

お金は逃げてしまうもの。この範囲内で生活しなくちゃいけない、これだけしか使えないと決めてその範囲で生活する。余裕ができてから貯めようなんて思っていては貯金なんてできない。

お金がないとすごくつらい。だから余裕を持ってケチる。電気をまめに消す、お風呂が沸いたらすぐに入る、シャワーなら五分タイマーをかけてちゃちゃっとすませる、食品はダメにしない、コンビニで無駄な買い物はしないなど、自分でできる最大限のことをやってみる。お金を使わないことで経済的な余裕ができると、それが心の余裕になる。無駄遣いをしないで貯金ができてくると、不安は少しずつでも解消する。やっぱり、どうでもいいことにお金は使わないことだ。

◆昔は洋服、今は食にお金を使っている

昔は洋服を買うのが好きだった。仕事でデパートに通っていたので、ついつい洋服に目がいってしまい、本当によく買っていた。でも最近は買わなくなった。どうも洋服を買いたくなるリズムがあるような気もする。最近は洋服を見ても心が誘われない。

そのかわり、今は食べることにお金を使っている。食べることを大事にしたいと思っているし、食べることにお金をケチると気持ちがガサガサするような気がする。

旬の安い野菜はもちろん買うけれど、たとえばお刺身はおいしいものを買いたい。そんな毎日じゃないのだから、高いお刺身を買ってもバチは当たらないと思う。

ここを削ったら自分の心がガサガサするだろうと思われるものはケチらない。

「これに関してはもういい」と思うものはケチる。私は洋服やバッグは散々買いつくしたからもういい。

このあいだテレビに出たとき、「スーツでお願いします」と言われた。ちょうど季節に合うスーツがなかったけれど、「まあ、いいや」と手持ちのスーツで間に合わせてしまった。昔だったらすぐさま一〇万円くらいかけてスーツを新調していただろうけれど、今では「一回しか使わないものにお金をかけなくてもいいや。もうちょっと足せば大好きな海外ホームステイができる」と考えている。

◆誰かが助けてくれるとは思うな

基本的に「ひとり」なのだから、自分でお金を貯めるしかない。子どもが何人いても、将来に助けてくれる保証はないし、そもそも子どもに面倒なんてかけたくないもの。ひとりでケチって生きていかなくちゃ。

一、「誰かが助けてくれると思うな」(誰も自分のためにお金は使ってくれない)
二、「棚からぼたもちはない」(そんなウマイ話はないと思え)
三、「他人にいい顔はしない」(無理してトクすることは何もない)

この三つを心に留めておきたい。

そのためには洗濯機は一・五週に一回の使用にする。電気でもガスでも意識して使うと、努力したぶんだけ数字で出てくるのでちょっとうれしい。

スーパーで買い物をしても、レジで予算オーバーしていたら、「これ、いりません」とその場で返すことにしている。恥かしいことはなにもない。誰に遠慮することもないし、見栄をはってもトクはしない。ちりも積もれば山となる。自分が本当にやりたいことにお金を使いたいと思う。

◆お金の余裕は心の余裕

少しでもお金を貯めることができれば、心に余裕ができる。五〇〇円玉貯金でも五万円になればもうちょっと貯めようと思うし、それが一〇万とか五〇万というまとまった貯金になると、これをくずしたくなくなって、もうどうでもいいことにお金を使わなくなる。お金の大事さがしみじみわかってくると思う。

ギリギリまで使ってしまって、「早く給料日にならないかな」と待っている状態にしないこと！

また、お金に余裕があれば老後も楽しい。孫や親戚の子が遊びにきたらおこづかいをやるとか、誕生日にはお祝いをあげることができれば、「おばあちゃん！」と遊びにくるだろう。お金がないと、若い子はたいてい誰もこない……。

◆自分のお金の使い方を書き出してみる

お金のことで不安になったら、まず自分のお金の使い方を書き出してみる。

もちろん、家計簿はつけたほうがいい。一ヵ月でもいいので、家計簿をつけて、自分は何に出費したのか点検するといいと思う。私は一年に一回、確定申告のときに家計を全部見直すのだが、いつも「まだこんなに無駄遣いをしてる！」と自分に怒り、反省している。

自分の実態を知ると、不安は少し解消する。

たぶん、現実を見つめることしか、不安を解決する方法はない。誰も自分のためにはお金を使ってくれないので、現実を見つめて自分でどうにかするしかない。

そして少しでも、お金に余裕の部分を作らなくてはいけない。もちろん、お金より大切なものはたくさんあるし、お金が心のよりどころになるわけでもない。でもお金はあったほうがいい。お金はないと困るけれど、あって困ることはない。

◆いくらあれば安心か

では「ひとりの老後」では、いくら貯蓄があれば安心なのか。

私は七〇歳で三千万円あれば何とかなるだろう、高級老人ホームへ入ろうと思わなければ、これくらいあればいいかなと思っている。

友だちは目標八千万円と言っているが、どうなのだろう。

私は今のマンションを貸して、その月々の賃貸料で老人ホームの費用がまかなえるようなら、三千万円くらいでいいような気もするけれど。

もし「要介護5」になってすべてをやってもらわなければならなくなったら、もっとお金がかかるかもしれない。でも重度の介護が必要にならずにすむこともある。自分がどんな状態になるかわからないから、不安は消えないけれど、「私はこのへんでいい」と思うしかない、ということだ。

たとえ今は貯金がなくても、本気になれば貯まっていくものなので、たとえ少額でもコツコツ貯金したい。

◆最悪の場合も想定して、意思表示しておく

私は自分が最悪の状況になったときを想定して、「植物状態になりそうな事態が起こったときは、延命治療しないでください」と文書にしておき、それをコピーして、すぐにわかるようにバッグや引き出しの中に入れてある。

事故で簡単に死んでしまうこともあるけれど、たいていの場合、人間はそう簡単に死ねない。だから「私がもし脳梗塞などで倒れて入院しても三ヵ月で病院を出されてしまうと思うので、そうしたらリハビリができるような老人ホームに入り、このマンションを貸して、その家賃を老人ホームの家賃にあてる」など、「こうなったら、こうしてほしい」と不安な場合を想定して、紙に書いてある。

いざとなったら子どもがなんとかしてくれると軽く考えている人もいるけれど、重度の介護など、場合によっては子どもたちの家庭を崩壊させることにもなりかねない。私は妹が近くにいるけれど、私も妹も自分の仕事を一番優先させるべきだと思っているので、それぞれ自分でできることは自分で解決していきたい。

心の中で決めるだけではなく、他人に伝わるように書いておく。そして、ちょっと違うなと思ったら書き直せばいい。

ひとり暮らしのコツ4

大事な友だちとは、浅からず深からず付き合う

◆急接近で深く付き合うのは危険

みんな自分がかわいいから、よく見られたくてつい、いい顔をしてしまう。

でも、相手の人は、自分が考えているほど他人のことを深く考えていないんじゃないかと思う。

友だちはとても大切で、友だちのネットワークも必要。でも、深くなりすぎるとわずらわしいこともある。

たとえば五〇代や六〇代になってから、急に接近して、すごく仲良くなって、深く付き合っていると、あるとき、本当はお互いの考えも趣味も違っていることが突然わかる。そんなことがよくあるような気がしている。「こんなはずじゃなかっ

た！」ということになり、お互いに傷ついたり、後味悪く残ったりすることもある。急激に深～く付き合ってしまうとしっぺ返しのようなものがあって、それはいやだなと思う。だから淡々と付き合うことができるといい。

付き合いってくせものだと思う。

特に、あまり「ひとり」に慣れていない人が、さびしさなどを急いで埋めようとするときが危ない。付き合いは己れのためにするようなところがたくさんあるので、「自分がさびしいから」と近づいてくる人もいる。そういう人に振り回されると、苦い思いをするので、ちょっと気をつけたい。

◆「いつも一緒」のベタッとした付き合いはしない

子育てしていると忙しくて時間がないために、付き合いも「じゃあ、またね」と歯切れよくなるもの。だけど、ひとり暮らしは時間を自分のためだけに使える。仕事をしていても、仕事が終われば「ひとり暮らし」は自由。子どもが独立すると、時間がある。それが六〇歳を過ぎた人の状況なのである。

そうなると、「ひとりはヒマ」ということになり、付き合いもベタッとなってしまうことが多いのだと思う。

「ひとり暮らし」をしていると、友だちと距離感が持ちづらくなってきてしまうことが多い。

長電話をする人も多くいて、電話が長くなりすぎて、耳が痛くなったりする。長電話っていつも同じ話がぐるぐる回っているだけで、話がだんだん重くなってしまうこともよくある。それでも自由になる時間があるからこそ、たまには話を聞かないと悪いなと思ったりする。

でも長電話して話を聞いて、こちらがアドバイスしても、相手は自分でもう決めていることがほとんど。だからそういう相談には振り回されたくないと思う。

そうやって長電話に付き合ったり、ベタッと付き合う友だちは必要なのかな、と私はいつも疑問に思う。

◆「付かず離れず、踏み込まない」がいい

ひとり暮らしになって自由に時間が使えるような人と親しくなると、もう本当にいろいろしてくれて、それはそれでうれしい。

でも、どうも急激に親しくなって濃い付き合いになると、私は面倒になる。親しくなると、いつも一緒にいたがったり、同じ意見でなくちゃダメだとか、同じ方向を向いていないとがまんができない、そんなふうになってしまう人が多いからだ。そうやってお互いの毎日の予定や人間関係などを何でも知っているというのはやはり危ない。

私には大切な友だちがいるし、家にもよく遊びにくる。でも、あえて踏み込まず、付かず離れずでいたいと思う。大切な友だちだからこそ、いい関係でいたい。

◆実は何度も友だち付き合いに失敗してきた

いま、私は「来るものは拒まず、去るものは追わず」で、淡々としているのだが、若い頃からひとり暮らしのせいか、ベタッと付き合いたがる人が多くいて、そういう人たちに振り回されて、苦い思いを何度もしてきた。本当に失敗ばかり。

この前もそんな失敗をした。

学生時代からずっと付き合っている友人が、「この前、テレビに出ているのを見たら、目の下にクマ作って！　もっと化粧したら」と言う。以前だったら、「えーっ、そう～、気を付ける」と落ち込んでいたのだが、なぜか思わず、「私はこういう顔だから！」と言い返してしまった。良かれと思ってアドバイスしてくれたのに、こんなはずじゃなかったと思ったらしく、以後音信不通である。

こんな繰り返しのおかげで、ようやく最近になって、付き合いのコツをつかめてきたような気がする。

大切な友だちだからこそ、深入りせず、程良い距離感をもち、アドバイスしたり、受け入れたりするいい関係を作っていくことが大切。もし何かあって、向こうが自分を必要としたらすぐに駆けつける。でも何もないときにドカドカといかない。

電話やメールがなくても、「この頃、あなた、そっけないのね」なんてなじらないで、「忙しいんだ～」と思うことである。

吉沢久子先生は「付き合い」がとても上手で尊敬している。深追いもしないし意見も言わない。相談されても、次に会ったときに、「それでどうなったの」なんて聞かない。その場にいない人のことを絶対に話題にしない。

私なんて「この前のこと、どうなった？」なんてすぐに聞いてしまうし、その場にいない人の話もついしてしまう。努力して吉沢先生流の付き合いを身につけたいとは思うけれど、なかなか真似できない。

◈長く付き合いたい人とは、程良い間隔で連絡を

大切にしたい友だちとは、いくら忙しくてもメールのやりとりだけはしたり、たまには会ったほうがいい。疎遠になると、再び親しくなるのはむずかしい。

友だちと会うときに気をつけたいのは、こちらが会いたいと思っていても、むこうが会いたいと思っていないような場合は、さっさとあきらめることである。

会う日時がさっと決まるときはお互いの気持ちが合うとき。一度で日程が調整できなくて、二度目でもダメ、などとタイミングが合わないときは、もうご縁がないとあきらめたほうがいい。

私はついでが多くて、友だちの家の近くを訪ねる用事があったら「近所に来たんだけど」と電話して会ったりしている。案外、急な連絡でもご縁があると会えたりする。

あらかじめ日時を決めていると、仕事の都合や体調などは刻々と変化するものだから、重荷になることもある。「今日はどう?」「明日ならどう?」と近い日にちの

約束のほうが気がラクになってきた。だから付き合いは、相手と自分との波長が合うかどうかが大きいと思う。

ということは、「ノリのいい人」じゃないと、友だちとして付き合いづらいかもしれない。

「今日はまだ片づけが終わってないから、外出できない」とか、「明日はふとんを干さなくちゃ」「今度またね」などといつも言う人とは次第に付き合わなくなってくる。「そんな急に言われたって……」などと、もったいぶって返事を先延ばしする人も、もういいかなと思う。「今度」と「おばけ」は出ないのに！

ノリが悪いと大切な友だちはどこかへ行っちゃうよ〜。

◆友だちに会うと、自分を再確認できる

私は最近、「忙しい」と言わないことにしている。「忙しくないよ」と言ってしまう。忙しいと思われたら、誘ってもらえないから。私だって「忙しいだろうなあ」と推察できる人は誘わないし、ノリの悪い人に電話したくない。

忙しくても会おうと思ったらスケジュールはどうにでも変えられると思う。

私は誘われたら、体調がすごく悪くないかぎりは出かけてしまう。料理を作ろうと思って買い物から帰ってきたところでも、食事のお誘いがあれば行ってしまう。妹から「おそばを食べに行かない？」と誘われたら、「はいはい！」と出かけてしまう。

いろんな事情で友だちと疎遠になっていたけれど、「やっぱりもっと友だちに会いたい」、あるいは「会いたいと言われたい」と思うなら、まず自分から発信すること。ハガキやメールで「元気？」と送る。そして忙しいと思われているかもしれないから「ヒマです」と書いておくと、「そうか、ヒマなのか。誘ってみようかな」となると思う。

そして、誘われたら、ノリよく、さっさと出かけていく。無理をすることはないけれど、多少の用事があっても、フットワークを軽くしておきたい。

人と会ってしゃべることを、私は大切にしたい。友だちと会ってしゃべることによって、お互いを確認して、自分自身の行動や考え方を再確認できるからだ。

ひとりの老後にとって、そういう時間は最優先。引っ込み思案になっていると友だちと会うタイミングが合わなくなるから注意したほうがいい。

長く付き合える友だちは宝物。大切にしたいと心の底から思う。

◆気の合う人が気軽に出入りできる家に

友だちが気楽に出入りできる家はいいと思う。うちは妹やごく親しい友だちに限られてはいるが、食器でも何でも何がどこにあるかがわかるようになっている。多分私が寝込んでも、勝手に出入りしてくれるので助かると思う。

ここへ引越してきた当時は、多くの人をうちに呼んでいた。私は飲み友だちが多いので、外で飲んだあとに「続きはうちで飲まない？」と誘って、みんなでうちに流れてきてダラダラするというのをよくやっていた。

けれど、もう無理。私はノリがいいからつい飲みすぎ、人が来るのも疲れることがようやくわかってきた。疲れると次の日どころか、一週間くらい疲れが抜けなくなった。ありがたいことに、私は今まで健康で、疲れるという自覚がなかったけれど、ようやく自分の年齢、健康や体調に気がついた。

だから、最近はうちに来てもらうのは、申し訳ないが、疲れない人に厳選している。しょっちゅうきているのは妹や近所の友だちなどごく少数。あとは来たいという人を招いて、おしゃべりしたり、ホームステイしたい人くらいだけ。

もう若いときのままの付き合いを続けていくのは無理になってきている。

これも優先順位を決めながら付き合うしかなく、飲み友だちでも夜に会うのではなく「ちょっとランチでも」というように、飲まないコースもある。

友だちとの付き合い方も、年齢とともに変わる。疲れると不機嫌になるので、若いときのままの体力が必要な付き合いを続けることはない。

これが歳をとるということなんだなと、付き合い方ひとつで感じたりしている。

◆自宅パーティは内輪だけにして、無理をしない

でも別に、自宅でパーティをやらないほうがいいと言っているわけではない。体力のあるうちは、みんなにきてもらって楽しく過ごすのはステキである。

私もいろんなパーティを何度もやった。仕事関係の若い人たちと、今住んでいるマンションの屋上で、夏にビールパーティもした。そのときは、うちから料理や食器を運んで何度も行き来した。楽しかったからまたやろうということになったりもした。

もちろん、そのときはとても楽しかったけれど、だんだん無理になってきたというだけのことだ。私は「やるならきちんとやりたい」という完璧主義だったことに、ようやく気がついたのだ。

料理でも何でも完璧にやりたくなるので、過ぎたるは及ばざるが如しで、能力以上に過ぎたことをしてしまい、めちゃくちゃに疲れてしまっていたらしい。メニューもせっせと考えて工夫していたけれど、あるときパーティの途中で楽しいよりも疲れてきてしまい、もうこれはヤバイと思った。

たとえ持ち寄りパーティでも、体力がなくなると無理。気を使うことだけでも疲れてしまう。だから最近うちに来るのは、キチッともてなさなくてもいい人たちばかりだ。使った食器を洗って元の場所に戻していってくれるだけで、とてもラク。

◆付き合いも六〇歳を過ぎたら「見直し」が必要

六〇歳過ぎにもなってくると、「前はよかったけれど、今はちょっと」という付き合いもでてくる。たとえばある集まりでは年金の話ばかりになったり、孫の話ばかりになったりすると、最初は聞いていて面白くても、だんだんと飽きてくる。だから、付き合いもメンテナンスというか、見直しが必要な気がする。

それに同じ顔ぶれとばかり付き合っているとマンネリになることもあるので、もう少し新陳代謝を求めたほうがいい。

たとえば、久しぶりに友だちと会いたいと思ったら、自分から積極的に声をかけていくこと。あるいは、向こうからもし声をかけられたら、できるだけ早く返事をすること。

返事をもったいぶったり、理由もなく返事を引き延ばす人は、気がないってことで、「はい、サヨナラ」となるはず。

私は積極的なほうなので、たとえば北海道に行くことがあったら、北海道に住む友だちに声をかける。仙台に行ったら、必ず来てくれる友人がいる。また彼女が上京して来ると、声をかけてくれるので、すぐに会いに行く。お互い気軽に声をかけ合って年に一〜二回は会っている。

ぼちぼちでも続いているのは、みんなのフットワークの良さのおかげだと思う。

自分から発信していかないと、付き合いは細る一方になる。友だちも一緒に歳をとるのだ。特に親しい友の死はダメージが大きい。

家庭があったとしても、これからは子どもも巣立ち、夫や兄弟姉妹も亡くなることが増えて、だんだんひとりへと近づいていくのだから、付き合いは広げたほうがいい。

夫が定年になって家にいると出かけにくくなるという人は多いけれど、夫が死んでひとりになったらどうするんだろうと、心配してしまう。どんな生き方をするかは各人の勝手だけど、たとえ夫がいても、夫婦はお互いの世界があったほうが楽しいと思う。

◆私の話ってつまんないかも……と自信がなかったら

友だち付き合いに自信のない人へ、少しアドバイスを。

まずうまく付き合うには、人の悪口を言わない。グチを言わない。少しくらいはいいとしても……。

次に、自分だけが話さないこと。人の話も聞くこと。人の話を聞くのはとても大事。前向きの話題ができるとなおいい。面白い話題。笑わせる話。ちょっとした失敗談もいい。

「ああすればよかった」とか「こうすればよかった」というグチや、「あなたはいいわよね〜」とすねたり、他人との比較や暗い過去話はやめる。済んでしまったことにクヨクヨしている話とか、ネガティブな不安をそそるような話もいらない。

見栄を張った話も避けたい。孫自慢、子ども自慢もちょっとカンベンかな。

孫の話でも自慢じゃなければいい。三歳の孫と本気でケンカする六〇歳の友だちの話は面白かったな。

客観的に自分を見て、面白い場面を話せばいいと思う。実体験をちょっとフィクション化するのがコツかも。最初から全部を話したら話はひどく長くなるし、そのまま話すとなんだか聞いているほうも疲れてしまうからだ。

ひとり暮らしのコツ5

不安・不満はさっさと解消

◆気が滅入るときは、その理由を書き出してみる

ひとり暮らしは自分だけ。誰もいないので、不安な気持ちになったり落ち込んだりしても、ひとりで這《は》い上がるしかない。軽い落ち込みくらいだったらいいけれど、どっぷり落ち込んで、イライラして気が滅入るときは、誰かに聞いてもらったり、あるいは書き出すなど、イライラしている気持ちを消し去る手立てをいくつか持っていること。ひとり暮らしにはとても大切なことだと思う。

たとえば自分はどうしてイライラしているのかというのを書き出してみる。あの人にこんなふうに言われた、こんな扱いをされたとか、書き出してみる。納得できたらそれを破って捨てればもうおしまい、というふうにする。嫌なことも書き出す

と、自分の気持ちに始末がつけられると思う。

◆不安を払拭するためには、少しでも「行動」すること

老後の不安を払拭するために私がやるのは、行動すること。

現実の行動に移し、現実に向き合うことによって不安を解消する。

私は薬剤師の資格を持っているが、実際に薬局で働くことはほとんどなかった。

しかしこれからのことが不安になったときに、また薬剤師として働けるようにしよう、それにはブラッシュアップしておかなければと思いつき、すぐに友だちに電話をして「どこか薬局、知らない？」と聞いてみた。そして紹介されるとすぐに挨拶に行き、なんとその日から働かせてもらった。

薬局で働くのなんて本当に久しぶりだったので、最初は全然勝手がわからず、オロオロしてしまった。でもやり始めれば、いろいろ教えてもらえるし、だんだんと覚えていくことができ、経験を積み重ねていくこともできる。

不安をいつまでも抱えていないで、不安の解消法をひとつでも思いついたら、すぐにやってみる。現実と向き合って少しでも行動すると、先が見えてくるものだ。

あるいは、**何が不安なのかを書き出すだけでも、気持ちは落ち着く。**

私は漢方が好きなので、漢方を学びながら漢方を扱っている薬局で働きたい。少しでも進歩していれば、行動していれば、不安は軽くなる。

◆不安を大きくするのは自分自身

不安にはきりがない。

不安は、ひとりで生きようと、夫や家族と生きようと、なくなることはないのだ。不安は寄せては返す波のよう。乗り切ったと思っても、また時間がたつとやって来る。波がなくなることはなく、大きな波、小さな波が絶えずおしよせてくる。

生きるということは、この不安の波をうまくかわしていくしかないのだと思う。

不安は自分が作り出しているものである。交通事故で明日死ぬかもしれない。重大な病気が見つかるかもしれない——そんなふうに自分で勝手に想像して作り上げ、心配になって不安になっているのである。

それよりも、明日には何かあるかもしれないと面白がるほうがいい。すごくいい人に出会うかもしれないし、すばらしい景色を見ることができるかもしれない。

七〇歳になったら、八〇歳になったらどうなるのか……と不安がっていてもしかたない。歳をとってどうなるかなんていうのも、なってみないとわからないのだ。なってみて初めて、そうだったのかと気がつくことも多い。私は六三歳になってやっと体力がなくなったことと、回復力が衰えたことに気がついた！　薄々は気がついていたけれど、ああ、本当に体力がなくなったと実感したのである。

フランクフルトで開かれた、生活雑貨のメッセへ行ったときのことだ。「わあ、こんなものがある！」と新しい発見が多く、楽しくて楽しくて、四日間、毎日九時から五時まで、だだっ広い会場を歩いて見て回った。

そしてそのあと、次の滞在地へ移動して「さあ、遊ぼう」と思ったら、なんと体がもう動かない……。しかたなくホテルでひたすら寝ていた。東京ドームが五個分もあるような広い会場を四日間も歩き回れるだけですごい体力と言われたけれど、以前だったら次のところでも遊べたのだ！　フランクフルトで体力を使いきってしまったらしく、「あ、これは、歳だな」と実感した。

それに、ついこのあいだのこと。たまたま飲み会が続いたとき半端じゃなく疲れてしまい、次の一週間はもう使いものにならなかった。疲れの反動が大きいことにも初めて気がついた。ちょっと遅いと、まわりからは言われたけれど。

体力の衰えは、みんな平等に六〇歳ジャストにくるわけでもなく、私のように六三歳で気づく人間もいれば、六〇歳前に気づく人もいる。とにかく大事な仕事があっても気力だけではどうにもできないとヒシヒシと感じたのである。

◆体力の衰えを不安に感じたら、とにかく寝る！

自分の体力の衰えに気がつくと愕然《がくぜん》として、不安になる人もいるようだが、衰えていくことはしかたがないので、それとうまく付き合うしかない。

うまく付き合うには、「どこに焦点を合わせていくか」を決めることだ。

「今日は料理するぞ」となったら、あとはあれもこれもしない。掃除だって全部いっぺんにしようとしないで、「今日はここだけ掃除をしよう」と焦点を合わせていけばいいのだ。

私は「ここだけ」主義で、「今日は床掃除だけ」、しばらくしたら「ここのサッシだけ」というように、そこだけ掃除をしておしまいにしている。あれもこれもやろうとするとできなくて、「あれもできなかった」「これもできなかった」と

「できなかったことリスト」だらけになってしまい、自分を責めてしまうから嫌なのである。

そして無理をしないで寝る。体力がなくなったのがわかってからは、「寝るのが一番」になった。睡眠時間を削るのは絶対にダメ。睡眠時間を削ってまで掃除したり、整理整頓しても、翌日に睡眠不足になって何もできなかったら元も子もない。寝ておかないと、判断力も鈍り不安が膨《ふく》らみやすい。一に睡眠、二に睡眠である。

コラム

ひとり暮らしとお金 ①

◆年金暮らしのシミュレーションをする

私は、六五歳で定年退職したあとの年金生活のシミュレーションをしていた。

当時私の収入は二つあり、ひとつは百貨店の契約社員としてのお給料でA銀行に、もうひとつは本を書いたりしたときに入る雑収入でB銀行に振り込まれていた。

契約社員のお給料は年金より少し多い金額だったが、この範囲内で暮らせるように年金生活の練習をしていた。生活は急に変えられないので、つつましい生活に少しずつ慣れておく必要があると思った。

B銀行の収入は不定期収入なので、これをあてに生活するのは落ち着かないのだ。

◆二つの銀行でお金の流れを把握しやすく

A銀行のお金は、生活費、食費、日用雑貨費、交際費、交通費、仕事調査費、書籍代など。毎月、この中でやりくりをして残高がゼロにならないように努力し、できれば少しずつ残高が増えるようにしていた。

引き落としはすべてB銀行から。光熱費、電話代、火災地震保険、国民年金（契約社員当時）、国民健康保険、新聞代、医療保険、マンション管理費、毎月の積立貯金など。

毎月の引き落としの額はほぼ決まっているし、預金通帳が私の家計簿代わりになっているので、収入も支出も把握しやすい。

◆苦手だからこそお金の流れをシンプル化

実は私はお金の管理が苦手。家計簿をつ

けても挫折する。だから、お金の流れを頭の中で把握できるようなしくみにして、自分が使えるお金も限定するようにしている。

細かいお金の管理や、確定申告などは、お金の管理が得意な友だちに手伝ってもらっている。通帳も預け、私は残高照会をマメにして、無駄遣いしないように努めている。日常生活で家計を引き締めないと、私の一番の楽しみというか、生きがいの海外ホームステイもできなくなってしまう。

家計を引き締めるために、光熱費や電話代の請求書は必ずチェックしている。電気代は平均月額約四千円弱、ガス代は約五千円で、もっと引き締めようと請求書を見るたびに思う。新聞代も不在のときは必ず休み、わずかでも安くするようにしている。

◆原則としてカードは使わない

クレジットカードで買い物をすると、自分がいくら使ったのか、どのくらいなら使えるのか把握できなくなる。それに何しろ私はもともとが買い物好きなので、カードは使わず、なんでも現金払いにしている。

ただ海外においては、現金だと両替が面倒なことも多いので、カードを使っている。

◆投資で失敗したこともある

八〇年代後半、証券会社に勧められるままに投資したら、すごく儲かって、儲かったお金を次々に投資しているうちにバブルがはじけた。かろうじて元金は残り、浮いたお金がなくなっただけだけど、心情的には喪失感が大きかった。それから新たな投資はいっさいやらないことにしている。

第2章 生活実践編①

暮らしの基盤は住まいから

――快適な住まいの作り方と、らくらく収納術・掃除術

住まいは「風通し」と「修理」をマメにして活性化する！

◆風通しの悪い家は空気がよどんで、運も悪くなりそう

ひとり暮らしの住まいにおいて、まず大切なのは、「風通しをよくすること」と「マメに修理をすること」。**ひとり暮らしの住まいは、ひとりしか出入りしないので、空気が停滞しがちだからだ。**そこで、いつも風通しをよくして空気を入れ替えて、さらに家のどこかに不具合があったらすぐに修理する。これだけでも、家の中が活性化されて、住み心地がよくなる。

ではまず、「風通し」について。

家族が多くて人の出入りが頻繁なら、玄関の開閉も多いし、引き出しやクローゼットやさまざまな扉も開けたり閉めたりすることが必然的に多くなるけれど、ひと

り暮らしでは開け閉めの回数も少ない。

ひとりでじっとしていると空気はホントに動かない。風が通らないからといって、虫がわいたり、カビが生えたりするわけでもないが、ひとり暮らしの家や、人の出入りが少ない家というのは家の空気が動かなくて、独特の家のニオイがあったりする。高温多湿のこの国において、部屋にニオイがするのは嫌なもの。いくらきれいに掃除していても、空気がよどむし、やはりニオイってあると思う。

また、空気が停滞していると、なんだか家がよどんだ感じがする。自分自身もドヨ〜ンとよどんだ感じになってしまいそう。それにもしかすると新しい「気」が入ってこなくて、二、三年以上も前の「気」がまだただよっているかもしれない。なんだか運まで悪くなりそうだ。

◆換気扇だけ回していてもダメ。外の空気を入れよう

だから私は空気の流れをよくすることに熱心なのだ。防犯にはもちろん気をつけなくてはならないけれど、玄関のドアは網戸にして、家にいるときは玄関のドアは開けて風の通り道を確保している。部屋にニオイがないということは、部屋に風が

通っているということ。

「窓を開けるなんて怖い」と窓も開けないで閉め切っていて、「換気扇を回しているからいい」という人が多いけれど、換気扇だけ回してもダメのような気がする。誰も外の空気を持ってこないのなら、たまには外の空気も自分で入れるしかない。

朝起きたら、まずカーテンを開けて窓を開ける。マンションは特に機密性が高いので、朝は必ず窓を開けたい。

帰宅したときも、まず窓を開けて空気を入れ替えよう！

それから、風が通り抜けるような窓や玄関の開け方をするのも大切。玄関を網戸にするなどして、風がよく通るような工夫をするのもいい。

梅雨の時期はもちろんのこと、空気の乾燥している冬でも、意識的に家の中のありとあらゆる扉を開けるようにしている。特に天気のいい日は家中の扉も引き出しも開けて歩いている。

また、忙しい日が続いて、あまり料理も作らないとキッチンの食器棚も引き出しも、レンジ下やシンク下の扉も開けることが少なくなるので、使わなくても時々引き出しは開けたりしている。

そして風が通らない場所で活躍するのが扇風機。風が通らない脱衣所やクローゼットなどには小型の扇風機をつけるといい。うちの脱衣室には、工務店に頼んで小型の扇風機をつけたけれど、今はクリップつきの、どこにでも挟みやすい小型扇風機もあるのでぜひ活用して。押入れやクローゼットも、たまには扉を開け、扇風機で風を入れることをおすすめする。

風が通らないところには、扇風機を使ってでも強制的に空気を動かさないと空気はよどむのだ。

さらに、私は帰宅したときに部屋がむっとするのが嫌なので、防犯上に問題がないところの窓を少しだけ開けて出かけてしまう。突然嵐のような豪雨になり、雨が入り込んだこともあったけれど、「ま、いっか」と、それくらいのことではまったく落ち込まないし、めげない。

老いてのひとり暮らしでは、この「ま、いっか」とか、「これで十分だ」と思うことはとても大事。あまり追及して、自分を追い詰めないこと。

◆いろいろな修理がおざなりになっていないか？

住まいというのは、「電球が切れた」「トイレの水が止まらない」「網戸に穴が開いた」など、絶えずいろいろなところでトラブルが起きる。このトラブルを放っておくと、これもまた気持ちがドヨ～ンとよどんでしまうので、さっさと直すに限る。ところが五〇歳を過ぎると、自分で修理などのトラブルを解決できないことが増えてくる。たとえば、力仕事や高い場所での作業はむずかしくなる。

私も天井にぴたっとくっついている照明の電球の交換や掃除には困ってしまった。照明のカバーの中に虫が入ってしまうのが不快なのに、台にのぼって手を伸ばして、照明のカバーをはずして掃除するのがひと苦労で、やりたくなくなった。しかたないので、もうカバーをはずして、裸の状態にして使っている。

高い踏み台にのぼって作業をしていたら、バランスを崩して落ちてしまって頭を打って亡くなった知人もいる。私もこの前、落ちて背中をいやというほど打ちつけた。ある程度の年齢になったら、高いところにのぼったり手を伸ばすのはあぶない。それに、手を伸ばしての作業は面倒に感じてしまう。カーテンを洗濯するために、手を伸ばしてレールからはずすのも億劫《おっくう》に感じるものだ。

小型扇風機を取り付けて風通しをよくする

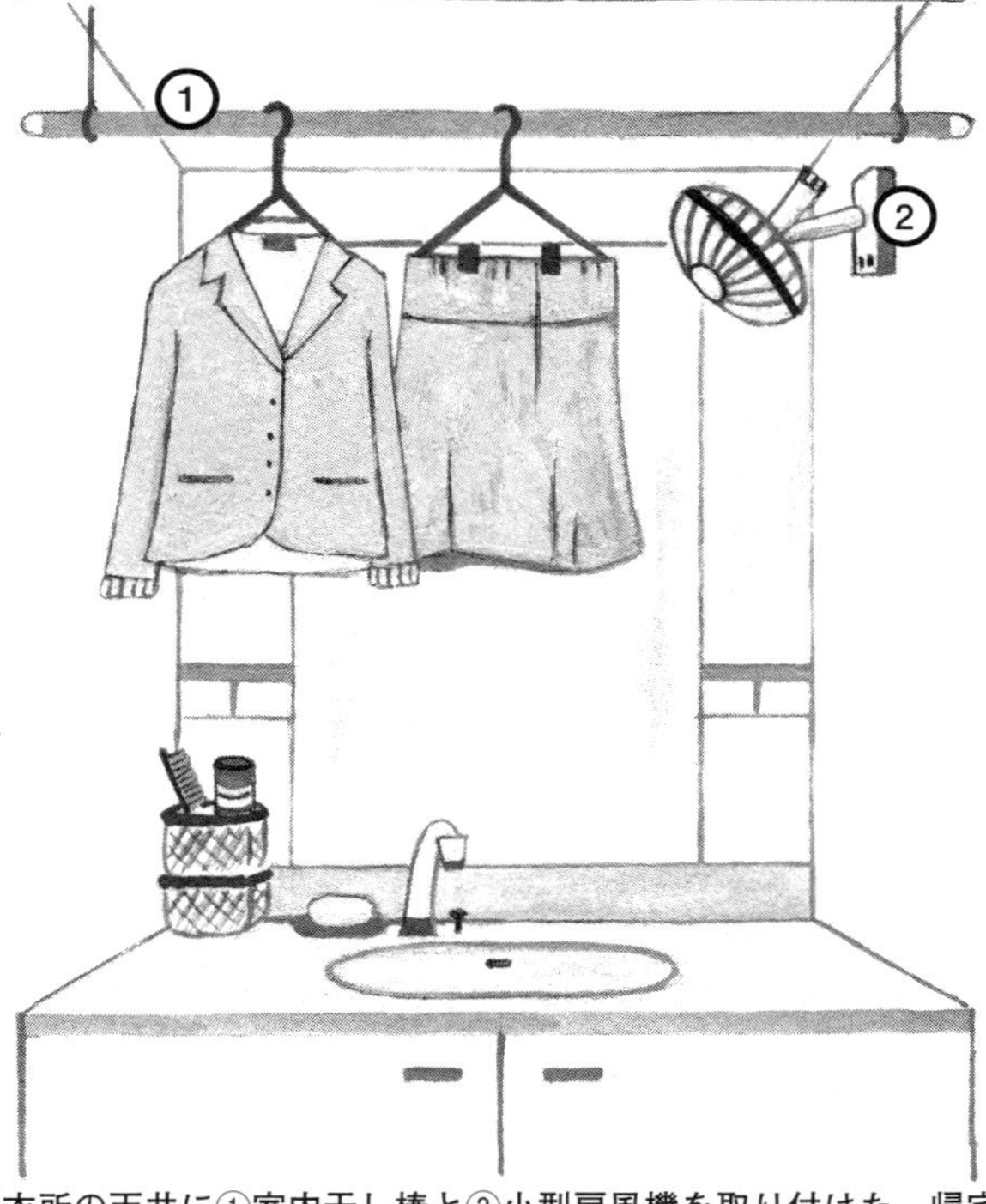

脱衣所の天井に①室内干し棒と②小型扇風機を取り付けた。帰宅したら、着ていた外出着はハンガーにかけて室内干し棒に吊るし、扇風機で風を通すようにしている。
脱衣所に限らず、風通しが悪い押入れやクローゼットなども扇風機で風を入れるとニオイも湿気もかなり解消できる。

◆家の修理は頼りになる助っ人を確保する

そんなちょっとした力仕事は、昔だったら近所の人がやってくれたのかもしれない。しかし最近はそういうオープンな近所付き合いはなく、近所の人を頼るのはむずかしい。そうなると、お金で頼むしかない。

たとえば代行業の人やダスキンなどのお掃除の人にやってもらう。お掃除に来てもらったら、まとめてカーテンを取ってもらい、その日のうちに洗ってまた吊るしてもらう。電球も替えてもらう。代行業や掃除業者の電話番号は、いくつか調べて控えておくといざというときにあわてずにすむ。

あるいは御用聞きで来るクリーニング屋さんと仲良くなり、カーテンの取りはずしもお願いしてクリーニングしてもらうのもいいかもしれない。家電を買うときも、少々高めでも量販店ではなく近所の電気屋さんから買って、商品を届けてもらうとき、ついでに電球を取り替えてもらったり、エアコンの調子をみてもらったりするのもいい。

または、家を修理したときに頼んだ工務店さんと仲良くして細かな修理もやってもらう。何かあったときはその工務店さんから、水道屋さんとか、電気屋さんなどを紹介してもらう。うちに入ってきても安心で信用できる人を確保しておくのは必要だ。

マンションに住んでいれば、水まわりでも何でも、困ったことがあれば管理人さんに相談してもいい。一戸建てなら、近所の世話好きで、地域の情報にくわしい人と知り合うよう心がけるといい。

◆家の不具合があると落ち込むので、なるべく早く解決

家に不具合があっても、若くて元気なときはそれほど気にならないが、体力がなくなってくると、そういう不備があることで落ち込みやすい。私はそういう不安を抱えこむのが嫌なので、なるべく早く修理するなり、新品に取り替えるなりして、解決し、すっきりさせることにしている。

以前に、新しくつけたばかりのエアコンを、隣接しているマンションの住人にうるさいと言われてしまった。買ったばかりだったのでメーカーに見てもらったら、なんとエアコン自体に不備があると判明。ついでに他の部屋のエアコンも見てもらったら異常はないとのこと。でも一〇年以上使っているので、気になりだすとちょ

っとガタガタした音も気になってしまう。一大決心をして、全部のエアコンを買い替えることにした。

音がうるさいかなという心配だけでストレスになるし、いつまでも抱えこんでいると、ますますストレスになるからだ。

それに、同居人がいればあっちが変だとか、こっちがおかしいと気づくけれど、ひとりでは状況が把握しにくいこともある。だから、早め早めに直してしまうことである。ちなみに来年は夏になる前に網戸修理をしようと今から思っている。

◆「どうしよう」と思っているだけでは状況は変わらない

家の不具合などの小さなことは、どうしよう、どうしようと抱えこまず、早く決断することが、ひとりで生きていくときには大事だ。決断するのは自分しかいないのだ。人に任せたり、人が決断してくれることはないのである。

ところが歳をとると、だんだん決断しにくくなる。これはどうしてなのだろうか。よくわからないけれど、決断する気持ちが失せていき、他人任せになってしまう人が多くいることは確か。

　だから、前にも書いたように、歳をとると決断力が鈍くなると自覚して、早めに決断しようと心がける。問題をじっと抱えこんでいても何も解決しないし、事態がどんどん悪くなることもある。自分の中で、不安が大きくなってしまうきっかけになることもある。

　トイレの水が出にくいとか、家電の調子が悪いなんてことは、電話を一本して見に来てもらえば、すぐに解決して気持ちもすっきりするのだから、ぐずぐずしないこと！

衣類の収納は、思い切ったリフォームで

◆私もかつては部屋に衣類があふれていた

多くの人の悩みの種は、暮らしにおいてものが増えることである。特にひとり暮らしでは、ものが増えても文句を言う人もいないために処分も遅れがちだから、収納に困っている人は多くいるはずだ。

かくいう私も少し前までは洋服を買うのが大好きだった。何しろ、百貨店の消費者相談室に通っていたのだから、ついつい洋服売り場に足が向き、行けば買ってしまう。

以前住んでいたアパートに比べればだいぶ広いこのマンションに引越してきた当初は、一畳半の押入れに、洋服もバッグもすべて入れていた。

自分としては押入れ用の引き出しなどで工夫していたつもりだったけれど、だんだんと洋服が増えて、自分の探している服がどこにあるのか、わからなくなってきた。そうなると、同じような服を買ってしまうこともたびたびあった。

つまり探す時間が無駄であり、無駄な洋服を買ってお金も無駄遣いをしている。それに、グチャグチャになってしまうことで、気分もよくない。もう悪いことだらけなのだ。

では、どうすればいいのか。これは長く考えた。

自分がどんな洋服を持っているのか、いつも把握していたい。

着るものと着ないものとがゴッチャに入っているのを何とかしたい。

着ないものをさっさと処分できるようにしたい。

いろいろ考えて、ちゃんとした衣類の収納場所をしつらえてわかりやすいように収納しておかないかぎり、無理だろうという結論になった。

◆作りつけのクローゼットを作った

このマンションを購入したとき、キッチンは「開放的なキッチンにしたい」という希望があったので、壁を切り取って明るくし、仕事部屋にも作りつけの本棚を作るなどのリフォームをした。

しかし衣類や生活用品は、新しい住まいでどうすれば生活をスムーズにできるのか見当がつかなかったので、キッチンと仕事部屋以外はリフォームせず、引越してくるときも、本当にいらないもの以外はみんな持ってきたのだ。

先程も述べたように、一畳半の押入れに衣類を入れてきたけれど、収納ケースを使ったりしてもどうしてもうまく収納できない。これは収納ケースを買うとか、あるいは洋服ダンスを購入というような付け焼刃のようなことをしても、そのときはよくても、その後にまた不便になるのが目に見えている。

特に収納場所がないから新しいタンスを買うなんて、ものがますます増えるだけだ。ものがドンドン室内に出るようになり、部屋のスペースが狭くなるのはどうしても避けたかったのだ。

◆手持ちの洋服が一目瞭然になると、洋服を買わなくなった！

ここに越してきて五年目の頃である。まず衣類を全部取り出して、不用品を始末し、自分の服の数に合わせて、寝室の一方の壁一面にクローゼットを作った。作ったのは幅二メートル半、奥行き約七〇センチのクローゼット。すべての季節の洋服と、肌着類、スカーフなどの小物、バッグまでが全部収納できる（78・79頁イラスト）。

今までは、「あのセーターはどこ?」「あのパンツはどこ?」「同じような服をまた買ってしまった!」ということが多かったので、自分のすべての服がビシッと一目瞭然、着たい服がすぐに取り出せたときは本当にうれしかった。

衣類はできればぐんと減らせればいいのだけれど、やはり仕事をしているとある程度は必要なので、収納場所にそれなりのスペースをとることはやむをえないと思う。そのうえで、収納スペースに入るだけの服を持ち、それ以上増えたら処分すると決めることである。

クローゼットを作った効果のひとつとして、自分の服がひと目でわかるので、新しい洋服を買わなくなったことがある。

一目瞭然に服が並んでいると「着る服はこんなにあるよ」と言われているような気がするのだ。

作り付けクローゼットで衣類収納の悩みを解消！

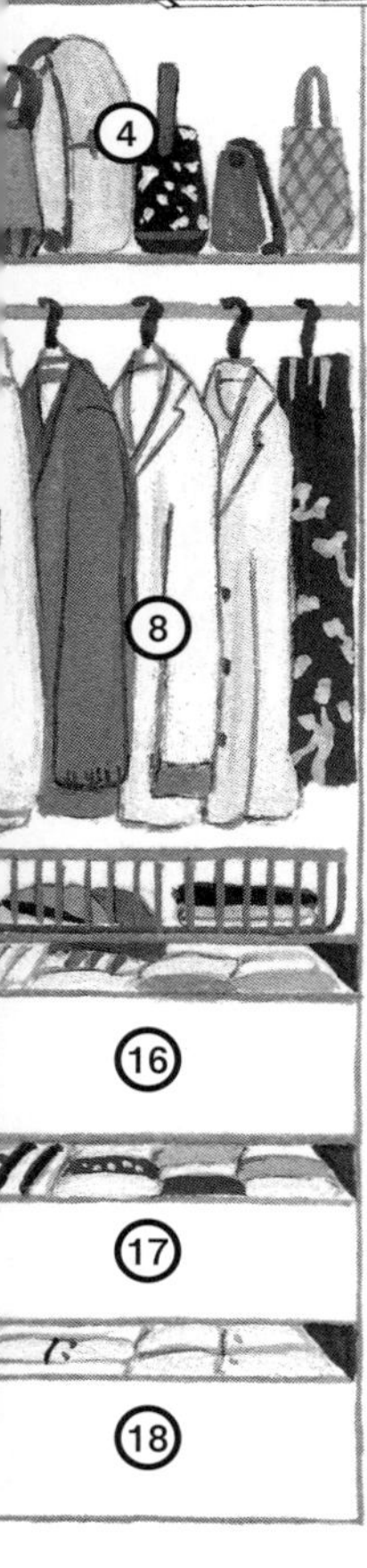

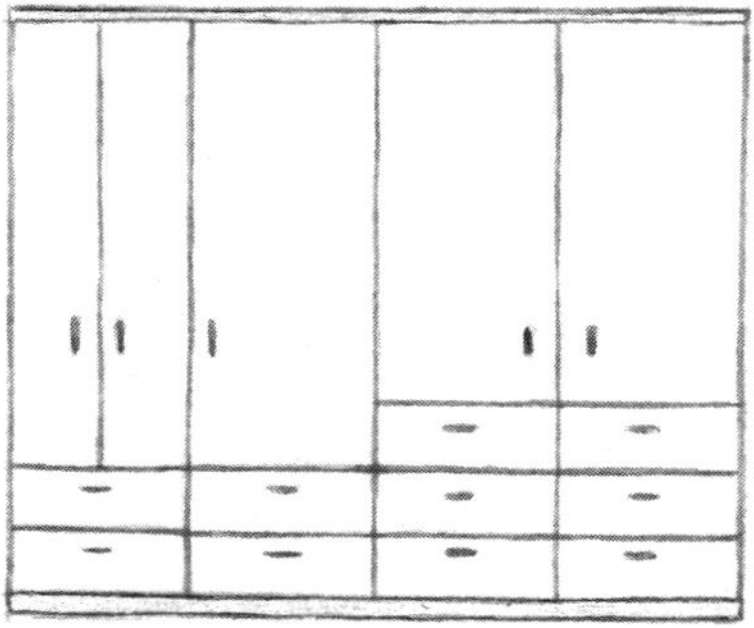

寝室にあるクローゼットの扉を開けたところ。春夏秋冬すべての外出着が収められている。①③の棚は予備で空に。②④バッグ。⑤丈の長いコートやパンツ類。⑥春夏の上着、スカート。⑦⑧秋冬の上着、スカート。⑨〜⑫春夏のインナー。⑬〜⑮秋冬のインナー、セーター。⑯⑰肌着。⑱パンツ類。かごにはシワになりやすいワイシャツなど。

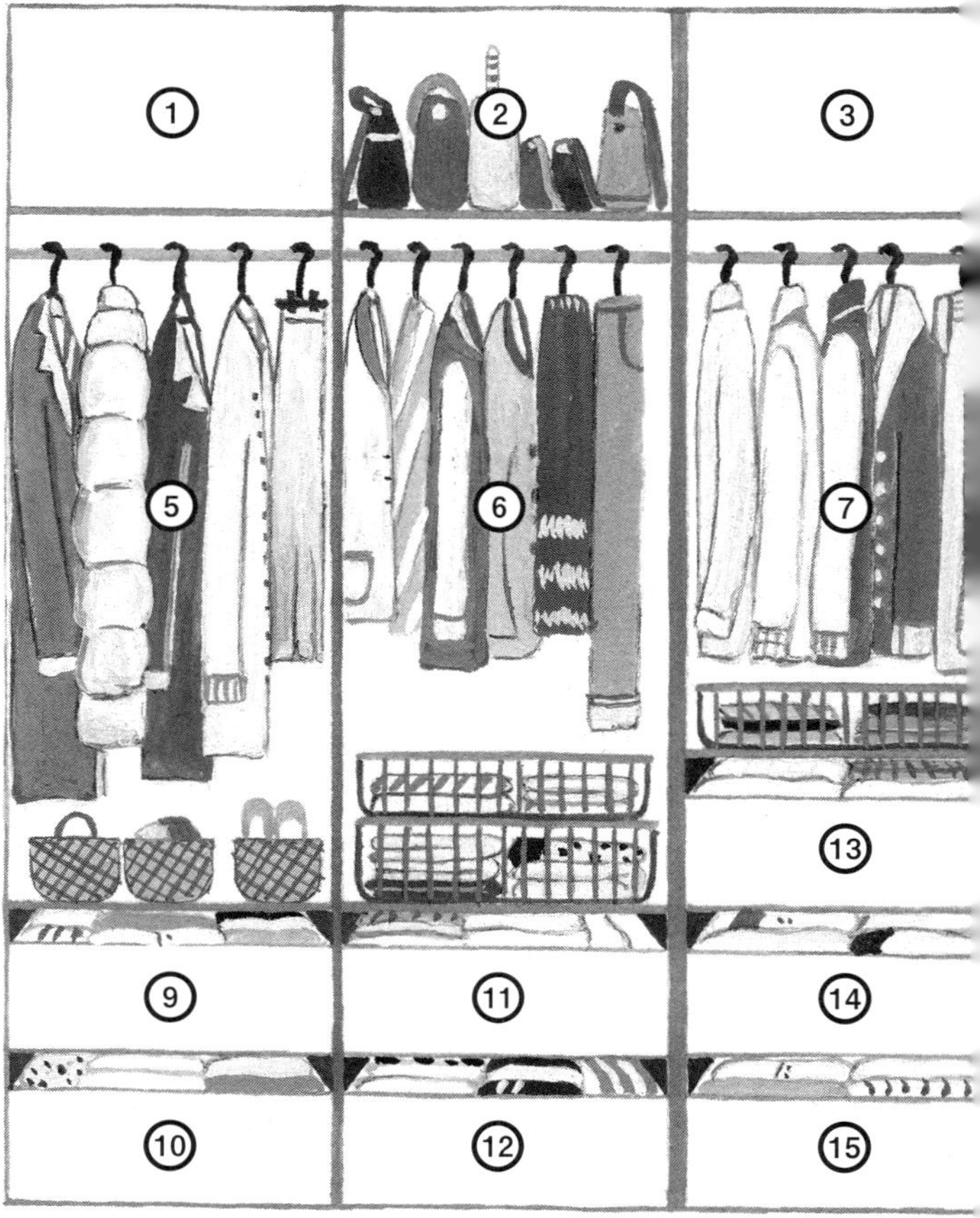

①
②
③
⑤
⑥
⑦
⑬
⑨
⑪
⑭
⑩
⑫
⑮

またクローゼットを作ってから衣替え不要になり、とてもラクになった。いちおう冬服や夏服を手入れしたりクリーニングに出してはいるけれど。

今までは四月と一〇月は部屋に綱を張り、服をみんな出して干してブラッシングしたりベンジンで染み抜きしたりして手入れをして、洋服を全部入れ替えていたので、毎年、とても大変だったのだ。

◆生活雑貨は押入れのリフォームで解決

衣類のことではないが、ついでに書いてしまうと、クローゼットの次に押入れをリフォームした。洋服を押入れからクローゼットへ移したので、家じゅうに散らばっていた生活雑貨を押入れにまとめることにしたのだが、押入れは生活雑貨の収納庫としては使いづらい。そこで、収納したいものを全部書き出し（ラグマット、すだれ、扇風機と暖房器具、旅行用トランク、ふとん、アイロン、アイロン台、掃除用ブラシやほうきなど）、それらが全部入るように設計図を作り、そのとおりに工事してもらった（82・83頁イラスト）。

中段にネコスペースも作った。ネコは大切な同居人なので、ネコの心地良い暮らしも重視した。押入れの収納はマメに見直し、不用なものをためこまないようにしている。上段は手が届かないのでなるべく何も入れずに、収納ケースの一つはほとんど使っていない。収納場所があるからといって満杯にする必要はないのだ。

ふとんもすぐに取り出せるのでホームステイも受け入れられるし、旅行用トランクも取り出しやすいので旅行にもすぐに出かけられる。アイロン一式も簡単に取り出せるので、アイロンがけも億劫ではない。そして「すぐに取り出せる」ことは、「すぐに元の場所にしまえる」ということ。とても気持ちよく暮らせるようになっている。

さらについでに言ってしまうと、私は日用品も食品も買い置きなんてしない。スーパーやコンビニがうちの冷蔵庫や収納庫だと思っているので、トイレットペーパーを買うのも最後の一個をホルダーに収めてからだし、シャンプーなどもなくなってから買う。

特売で多少安く買っても、それらを収納するために場所をとって部屋が狭くなっていたら、元も子もないと思う。

押入れもリフォームで数倍使いやすく！

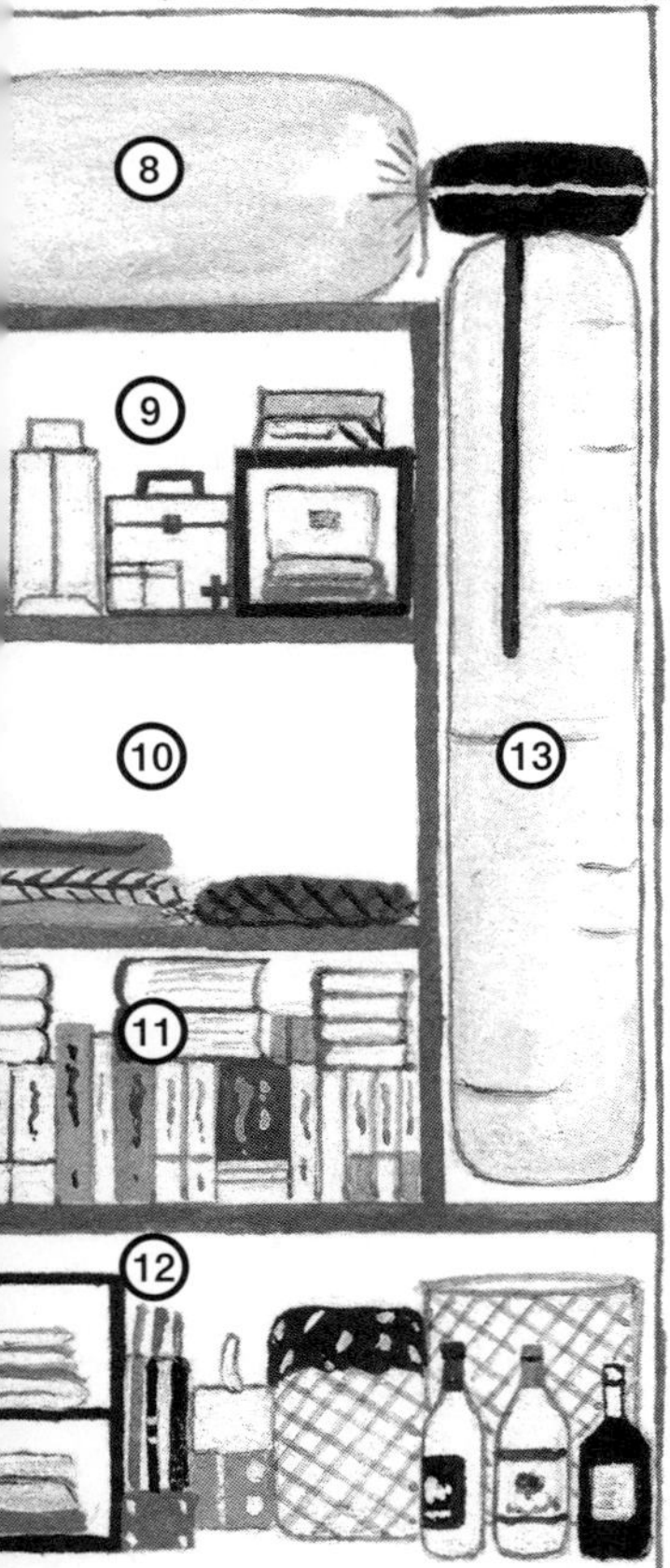

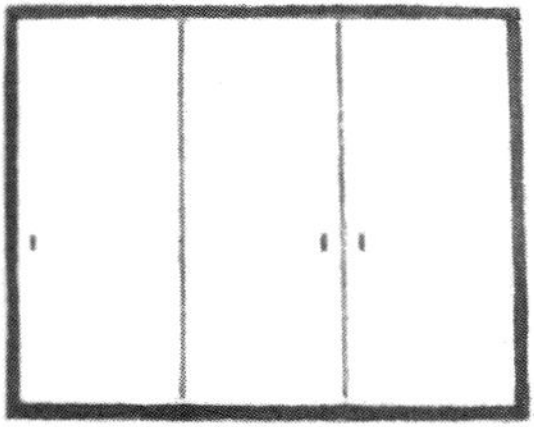

効率よく生活雑貨を収納できるようにリフォームした押入れ。①あまり使わない雑貨。②扇風機など。③ラグやほうきなど長いもの。④旅行用トランクなど。⑤手が届かないので、あまり物を入れない。⑥冬物衣類や靴下などの服飾雑貨（ぎゅうぎゅうに詰め込まない。収納ケースのひとつは空に）⑦ホームウエア。⑧⑬ふとん一組。⑨くすり箱、アイロンなど雑貨。⑩ネコスペース。⑪本（主に私の著書）⑫お酒や食品のストック。

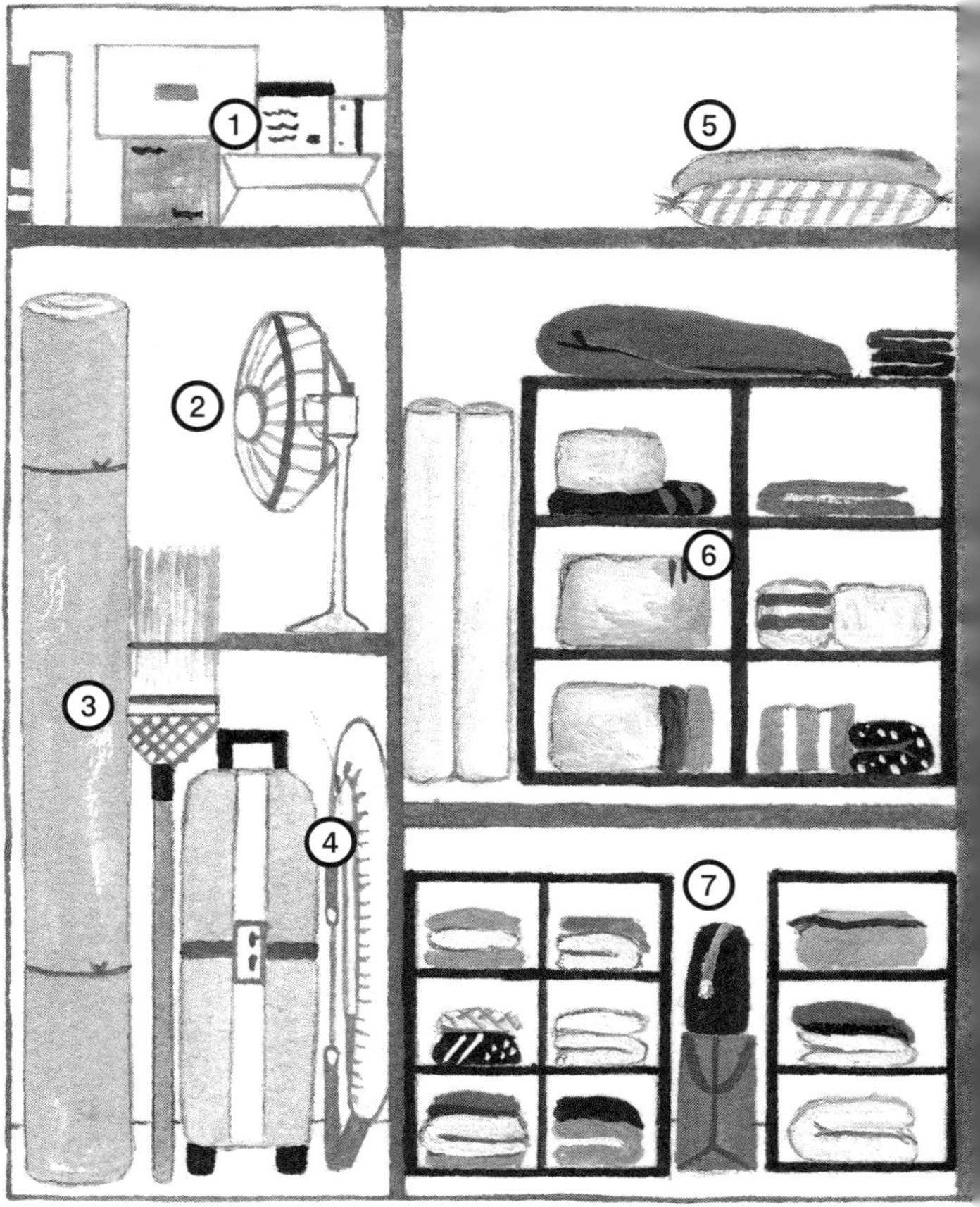

①
⑤
②
⑥
③
④
⑦

衣類だって早めの処分で活性化

◆実は私も分厚い肩パッド入りのジャケットをまだ持っている……

老いてからのひとり住まいについて、話をしたり書いたりするとき、「衣類の始末」だけにしぼって教えてほしいと頼まれることがとても多い。食器やキッチン用品は始末できても、衣類の始末に手こずっている人が世の中にはこんなにも多いのだと実感している。

衣類はひとり暮らしが始まる、始まらないにかかわらず、誰でも定期的に見直して新陳代謝をして、循環させていく必要がある。

——などとえらそうに言っている私だが、正直に言うと、実は肩パッドが分厚く入っている一〇年以上前のスーツがまだ処分しきれず、これをどうしようかといま

クローゼットは
ほのかな香りで気持ちよく

木の葉形のセラミックプレートに好きな香りのアロマオイルを染み込ませ、クローゼットに吊るしておくと、ほんのりよい香りが持続する。

クスノキの枝

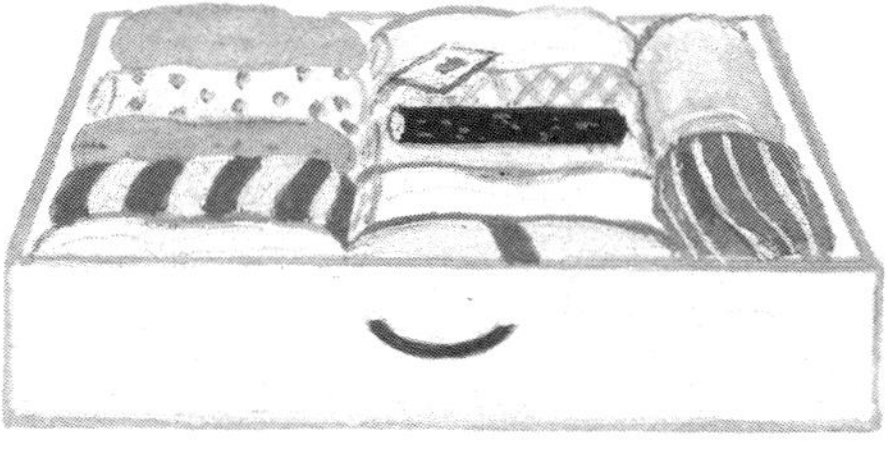

近所で伐採していたクスノキをもらい、自分で小さく切って防虫剤代わりに。クローゼットの引き出しの中に入れている。

だに迷っているのである。

スーツのスカートはちょっとリフォームして着ているのだが、肩パッドのしっかり入っている上着は肩パッドを薄くするだけでは型がくずれるので、大幅なリフォームが必要になり、お金もかかるため、なかなか決心がつかないのだ。

では、どうすればいいのか。

洋服には流行があるので、購入した洋服はとにかくドンドン着るに限るというのが私の経験から出た結論だ。特別の時の服だから大切にとっておくなんてしないで、バンバン着ることなのだ。

何度も着ればさすがにヨレヨレになるので、あきらめられる。

着ない服はダメにならない。しかもひとり暮らしは、洋服がたまっても誰からも文句を言われない。

たまったまま、一〇年、二〇年、三〇年と過ぎてゆくのである……。

◆「着たときに気持ちが明るくなるかどうか」が処分の基準

洋服を整理するとき、一番重要なのは、「着る服」だけにして、「着ない服」は処分することである。

その服を着るかどうか、処分するかどうかの判断は「その服を着たときに気持ちが明るくなるかどうか」。着たときに「もう古いかしら」と思って気になったり、気分が落ち込む服はもう賞味期限切れ。

新しい服でも、着たときに違和感があるものはすぐに処分。私は衝動買いした服を、まだ一度も袖を通さないうちに「これは一生着ないな〜」と判断して処分したこともある。どんなに気にいっていた服でも、自分で見て「これはもう無理」と感じたならすぐにサヨナラする。

衣替えはしないにしても、夏前、冬前には、「着る服」「着ない服」のチェックをして新陳代謝していかないと、洋服はたまる一方だ。

クリーニング代がおしいと思ったときも、その洋服の考えどき、捨てどき。とりあえずクリーニングに出すなんて、そんなもったいないお金の使い方はしない。クリーニングに出す服は、絶対に着る洋服だけ。

処分の方法は、まず人にあげること。私なんて、「もしかしたらこの人には似合わないかもしれない」と思っても、無理に押し付けたこともある。（ああ反省、ごめんなさい)。でも友だちから洋服を押し付けられ、結局一度も着ずに雑巾になってしまったこともある。お互いに自分ではもったいなくて捨てられないので、押し付け合っているのかも。

もちろん本当は自分で処分できなくてはいけないけれど、「着ないものは捨ててね」と、友だちに押し付けてしまうのも、たまにはありだと思う。

◆リサイクルショップで売れるのは、新品かブランド品だけ

衣類を処分する手段として、あとはリサイクルショップがある。しかし、ほとんどのリサイクルショップは新品かブランド品しか買い取ってくれない。もし引き取ってもらえたら、それだけでも感謝だ。

私はやっとブランド品以外でも引き取ってくれるところを見つけたけれど、そこでもそんなに多くは引き取ってはくれない。持ち込んだ服や靴の四分の一は、四ヵ月後に返されてきた。

フリマ(フリーマーケット)でお店を出して自分で売るという手もあるけれど、フリマに参加するには手続きや手数料も必要だし、それで売れるという保証もなし。

私は本当にいろいろなところへ持っていったけれど、却下されることが多い。寄付するにしても新品でなければ受け取ってもらえないところも多く、洋服の寄付と同時に輸送費などの手間賃を支払わなくてはならない。

スイス、ベルギー、ドイツでは街中に衣類リサイクルの箱があり、その衣類を選別して発展途上国へ送ったり、あるいはバザーで売ったりするシステムがある。主にキリスト教団体がやっているようだが、残念ながら日本には、そのような団体は小さいものがいくつかあるだけ。

つまり、もう着ない洋服の引き取り手はないと思っていい。着ない服やバッグはもう捨てるしかない。

でもそれに心が痛むというなら、とにかく買った服はボロボロになるまで着るしかない。高級な服でも普段着に着てしまうのだ。

そしてトコトン着られそうな服しか買わない。自分の好きな色、好きなスタイルで、家で洗えて、手入れが簡単なもの。

そう、もう若い頃とは違い、衝動的に「服が買いたい」という気持ちに惑わされてはいけないのだ。

◆古い服がたくさんあると、新しい服も買えない

それでもたまには新しい服も買いたい。けれども、古い服がたくさんあると買えない。

スカーフなどでおしゃれができるとはいうものの、やはり古い服を着ていると、ステキには見えないものだ。少しずつは新しい服も買って、手持ちの洋服にも時代の気分を取り入れたい。

洋服の新陳代謝&循環の方法、つまり私の具体的な洋服の処分方法は、よそいきの服を着なくなったら普段着にする──▶普段着で存分に着たら、ドンドン切って雑巾にする──▶雑巾がたくさんできると、掃除ができていい。

たとえウールのものだって、ちょきちょきハサミで切って雑巾にして、観葉植物の葉のホコリをサーッと拭いて捨てる。

これはもう着ないと決心したら、目の前で形を変えてしまうのだ。処分するという決心が揺るがないように、思い切ってその場でハサミを入れてしまう。ジャケットでもなんでもジョキジョキ切って、窓ガラスや窓のサッシでも拭き、最後に役に

立っていただいてから捨てる。

洋服なんて着なくちゃ意味がない。いっぺんに三枚も四枚も着て出かけるわけにはいかないのだ。

処分できない人は「もったいない」と言うけれど、本当は「着ないのがもったいない」。着ないで、場所だけ占領しているものの、どこがもったいないのか？

すべてのものは資源とエネルギーを使って作り出したもの。だから着なくちゃ。

着ないものは買わないこと！

◆スペースに収納できるだけのものを持つ

では、どれだけの服を持てばいいのか。それは人それぞれだが、長く生きてきているのだから、自分にはどれくらいの洋服が必要かはわかっていると思う。

その経験から自分の収納スペースを決め、そのスペースに収まる服だけしか持たないことだ。はみ出してきたら処分する。

二〇代のときに着た服が、もしかしたら死ぬまでそのまま洋服ダンスの中ということもありうる。もちろん、着られる服は着るのがベストだが。

まとめて処分しようとするとえらい騒ぎになってしまうので、一枚買ったら一枚処分し、季節ごとには手持ちの服をチェックして、ちょこちょことさらに処分し、洋服の新陳代謝&循環を心がけよう。循環させれば、新規購入もかなう。

◆衣類の管理にはエネルギーがいる

衣類の維持管理は、かなりのエネルギーがいる。

歳をとってくると、衣類の場所を入れ替えたり、処分したりするのも、以前のようにパッパとできなくなっている。さあやろうというエネルギーもなかなかわいてこない。いつまでも若いときのように「やれば早い」と自分を過信せず、早めの処分を心がけて、不要な衣類をたくさん持たないようにしたい。

また、**衣類の処分はヒマができたらやろうと思わないこと。ヒマなときなんて、たぶん一生ない。**無理やり時間をとってやらなければ、いつまでたっても、衣類の処分はできない。

洗濯は「洗濯ネット」と「手洗いコース」を活用

◆衣類はホコリを落とし、風を通してからしまう

「衣類はさっさと処分」といっても、お気に入りの服はていねいに長く着たいもの。そのためのかしこい手入れ方法を紹介したい。

まず、帰宅して普段着に着替えたら、着ていた外出着はホコリを落とし、ハンガーなどにかけて風を通す。

時間があればブラッシングをしたほうがホコリも取れるけれど、私はそれより簡単な方法で手入れしている。それは、セーターでもスカートでもすそを持って、パパッと振りさばいてホコリなどを落とす方法。

このほうが簡単。ホコリを取ってから一日か二日干し、たたんでクローゼットに

入れる。夏でも冬でも必ず干している。

特に夏は汗をかくのでジャケットでもインナーでも風を通すことは必要だし、汗をかいたときには、ぬらしたタオルを固く絞って、汗をかいた部分をトントンとたたき、干しておく。風を通して乾いたなと思ったらクローゼットに入れる。

干すときは、セーターでも何でも裏にして干す。汗をかくのは裏なので、肌のあたるほうを表側にする。夏はスカートのウエスト部分にも汗をかくので、裏にして、すそのほうを上にして干すようにし、ウエスト部分の風通しをよくして、汗がよくとぶようにしておく。

ホコリや汗を取ったり、衣類の型崩れを防ぐためにも、風通しのいい場所で一〜二日休ませる。連日着はしないことだ。

私はTシャツなどインナーでもすぐには洗わない。タオルでたたいてきれいにして、風にあてて干して、二、三回くらい着てから洗う。

一回ごとに洗っていたら、インナーでもすぐに型崩れしてしまう。マメに洗って清潔感をもとめるのもいいけれど、洗いすぎは衣類を傷めて洋服の寿命を短くする。お気に入りがダメになるのも早い。

◆衣類に風が通らないなら、小型扇風機で風を送る

このように洋服を干すのだが、いくらひとり暮らしでも、そのへんに洋服をかけておくのは見苦しいので、洋服を干して、衣類を休める場所を作るのが望ましい。
私は浴室前のスペース、脱衣所のような場所を、衣類を休める場所にしている。天井にはイギリス製の室内干し棒を取り付けているが、そこは風がビュンビュンと通る場所ではないので、小型の扇風機をつけてもらって、風を送るようにしているる（69頁イラスト）。

今は扇風機も種類がたくさん出ているので、洋服の干し場の風通しが悪いなら、場所に合った扇風機を付けて、必ず風を通すようにするといい。

帰宅したら、その場所で着替えて、今まで着ていたよそいきの服のホコリを取り、ハンガーにかけておく。するとそこに繊維もホコリも落ちるので、そこだけをちょっと掃除すればすむのでラク。同じ場所に洗濯機も洗濯物入れもあり、さらに染み抜き道具もあり、衣類の始末はそこですべてができるようになっている。

ちなみに、天井に室内干し棒と小型扇風機を取り付けてもらったのも、押入れ改

装をお願いした工務店。こんなちょっとしたことでも、自分ではできないので、信用できる人を確保しておくのは大事なことだ。

服をかけておくところやクローゼットには、セラミックプレートにアロマオイルをちょっとしみこませたものをかけてある。ほのかな香りがクローゼット内に漂うので、このセラミックプレートはおすすめだ（85頁イラスト）。

◆洗濯物は洗濯ネットに分けておき、そのまま洗濯機へポイ

では、次はスムーズに洗濯ができる方法。

まず、洗濯物は最初から分別しておくこと。わが家では洗濯機の近くに洗濯ネット三つがぶらさがっている。

洗濯ネットはハンカチ類、靴下類、手洗いコースのものというように、ネットごとに衣類の種類を決めておき、洗濯のとき、大ものは直接洗濯機へ入れる。

洗濯物を何でも一緒に洗濯かごに入れず、最初から分別しておけば、洗濯するときに衣類を選別する手間がいらない。洗濯機にはそのままネットごとポイポイと入れて洗濯ができるし、干すときに衣類（たとえば靴下など）がバラバラで手間がか

かるということもなくなる。

洗濯で、手洗いコースだけは別にしているが、あとはほとんどの場合、一緒に洗濯をしてしまう。大切な衣類などもネットに入れて洗えば、傷みを防いで長持ちさせることができる。

◆ウールも洗濯機でどんどん洗っている

洗濯機の手洗いコースができてから、ウールなどの洗濯がとてもラクになった。洗濯ネットに入れて、中性洗剤で手洗いコースで洗濯すれば、型崩れも少なく、簡単にきれいになる。

私は、インナーに着ているものはウールでもカシミアでも洗濯ネットに入れないで洗ってしまうこともある。日本の洗濯機は実に細やかで「手洗いコース」は本当によくできていると思う。

ドライクリーニングに出しても皮脂しか取れないので、なんとなく衣類はさっぱりしないもの。買ったばかりの大事な衣類はクリーニングに出すとしても、シルクウールやカシミアのタートルネックのセーターなどはインナーで着ると、首など直接に肌にあたるので、自宅の洗濯機で洗うほうが私は気分がいい。家で洗っていても最低五年は着られるし、うまくいけば一〇年着られる。

クリーニングに出すのはコートやジャケットやスーツ。アイロンがけがむずかしいし、やはりキチンと着たいのでクリーニングがいい。あとはシーズン中に何度もはいたパンツなども衣替えのときにまとめて出す。

セーター類はどのくらい着たら洗えばいいのか、とよく聞かれるけれど、私の目安としては、着たときにピシッとした張りがなくなって、少しヨレッとしてきたときに洗いたくなる。

冬のタートルネックのセーターなどは、首のまわりや袖口が広がって締まりがなくなってきたときが洗いどきと思っている。

◆手洗いコースの洗濯は水で。洗い終わったらすぐに干す

では、手洗いコースで洗うときの注意点を三つほど。

一、洗濯機にギュウギュウに入れないで二〜三枚ずつ洗う。

二、必ず水で洗う。

お湯を使うと、特にウールの衣類ではスケールが開き、その状態で洗濯機でぐるぐる回すと、縮んだりして型崩れしてよくない。たしかにお湯で洗うと洗浄力がよくなるので、汚れがひどい洗濯物にはお風呂の残り湯などを使うといいけれど、大切にしたい衣類は水で洗うこと。

三、洗い終わったら洗濯機に入れっぱなしにはしない。

「手洗いコース」の脱水は一～二分と短く設定されているので、水分があまりとんでいない。脱水が終わったらパッパッと振りさばいて水分をとばしてかたちを整え干す。干すのはサオでもいいし、二つ折りや袖だたみにしてハンガーに干してもいい。

私はウールの衣類でも平干しにもしないし、柔軟剤も入れず、二つ折りに干している。これで型崩れもせず、きれいに洗え、着るときも気持ちがいい。

私は普通の洗濯のときも柔軟剤を使わない。これはタオルも少しゴワゴワしているくらいが好きだし、シーツもピシッとパリッとしているのが好きだから。フワフワ感がお好きな人は柔軟剤をどうぞ。

うちのマンションではベランダに洗濯物が干せないため、このような「手洗いコース」の洗濯物も、普通の洗濯物も、基本的には室内干し。

ただ、屋上には洗濯干し場がある。広々していて、シーツやバスタオルなどの洗濯物もすぐに乾くので気持ちがいい。夏になると洗濯物をせっせと運んで干している。ところが、週末の晴れた日は、朝早く行かないと干す場所がなくなる！　まるで学生時代に住んでいた寮のよう。

最近は体力温存のため、屋上までの上り下りも次第に大変になったので、今は室内干し中心。背が低めの室内干し機にかけ、部屋のあちこちの窓を開けて風通しをよくして干している。

◆洗濯はたたんでしまうまでが仕事

洗濯は洗って干してたたんでしまう、ここまでがセットなので、自分で最後までリズムよくできるような工夫が必要。

私は洗濯物が乾いてもたたむ時間がないときは、パパッと室内干し機から取って、たたむ場所（つまり収納場所の近く）に分散して置いておく。そして時間があるときに、分散してある洗濯物をたたみ、積み重ねておき、さらに時間のあるとき、収納場所に入れる。

とにかく収納場所に近づけておくようにしている。洗濯物が山になっていると、よけい億劫になるからだ。

洗って乾くまではいいけれど、私には、そのあとが面倒なのだ。洗濯物をたたんでしまうことなんて一〇分もかからないのに、やらなくちゃいけないと思うと、一〇〇分くらいかかる気持ちになって、億劫になってしまう。でも三分でやれることだけやろうとするとできる。ちいさなことだけど、すぐ終えられるように、ちょこちょことやるのが、私の洗濯のコツである。

◆ひとりだからこそ、自分をいましめていること

五〇代、六〇代になると決断力がなくなるということを言ったけれど、だんだんとしみったれてもくる。衣類廃棄の見極めがいさぎよくできなくなっているように自分でも感じるのだ。

ちょっと前ならいさぎよく処分しているような衣類でも、「まだいいかも……」と捨てないようになってきている。特にうちで着ている普段着や下着は、「誰に見せるわけじゃないから……」と、袖口がボロボロになっているのに、まだ着ていたりする。

このようにしみったれてきたことが、衣類だけじゃなくて、その人全体の雰囲気にまでにじみ出てくるような気もする。

「ま、いっか」の雰囲気は、この場合だけは気をつけないと、外に出てしまう。ともすると、下着でも何でもきちっとしているかどうかは外側まで響いて、他人にはわかる。それが一番、怖い。

「清潔」と「こぎれい」は心がけたい。若いうちは中身がフレッシュだからボロボロの服を着ていてもいいけれど、中身がくたびれてきている年齢になったらやはり気をつけなければ。アブナイ、アブナイ。

同居人がいると、「そんなボロボロの服を着ているなんて」と言われるかもしれないが、ひとりだと誰も言ってくれない。ひとり暮らしだからこそ、自分でいさめて、廃棄時をきちんと見極めて、自分にきびしくしなくてはと思う。

洗濯物を干したり、たたんでいるときに、「これ、もうボロボロかな」と思ったら、その場ですぐにハサミを入れて雑巾にしてしまおう！　と自分に言い聞かせている。

下着で思い出したのだが、私はひとり暮らしのルールとして、もうひとつ、下着姿で家の中をウロウロしないことを自分に課している。他人の目がないからこそ、誰にも言われないからこそ、自分で律していきたいと思う。

たとえひとり分でも、ちょっとした軽い食事でも、きちんと器で食べるようにしていることと同じだ。

掃除嫌いの私の結論は、「汚れをためない」

◆掃除の専門家のように思われているが、実は掃除嫌い

私は掃除の仕方を教えたり、掃除用具の開発などをしているので、どういうわけか掃除が好きな掃除の専門家のように思われているけれど、実は掃除はすごく嫌いである。できればやりたくない家事のひとつなのだ。

でも掃除が苦手で嫌いだから、いかに嫌いな掃除を簡単にできるかを試行錯誤することができ、掃除が嫌いな人でも簡単に掃除ができる方法や用具を開発することができたのかもしれない。

掃除嫌いのうえに、歳をとってくるとさっさと家事をこなす瞬発力はなくなってくるし、掃除にとりかかることが面倒くさくなって、つい延ばしのばしになってし

まうこの頃である。

そんなものぐさな私がどうやって部屋の清潔を保っているのか、いくつかポイントを紹介する。

◆掃除のコツは「早め早めに」と「ものを出しておかない」

「どうしたら掃除がラクにできるだろう」と若いときからず～っと試行錯誤してきて、その結論が「早め、早めにやること」。

汚れをためないで、汚れたらすぐに拭き取る。ホコリがたまらないように、気がついたときにブラシをかけてホコリを取る。たったこれだけのことで、掃除に時間はかからずに、快適に部屋をこぎれいにしておける！

以前は「マメにやっておけば汚れはたまらない」と言っていたけれど、「マメに」と言うと、いつも掃除をしていなければいけないような印象を持たれてしまい、「私にはできない」と思う人がいるようなので、最近は「早め」と言うことにしている。

たとえば調理中に煮物の汁がふきこぼれたら、火をとめてすぐに拭く。ゴミが落ちていたらすぐに拾う。たったそれくらいのこと。

とにかく「汚れはためない」。汚れはためると落ちないし、落ちないから洗剤が必要になる。早めに汚れを落とさないから、ますます強い洗剤が必要になるんじゃないかと思う。

マメに拭いていくようにして汚れをためなければ、洗剤を使わずにきれいになる。換気扇用の洗剤、トイレ用の洗剤、窓ガラス用の洗剤など、いろんな洗剤が出ているけれど、特別な洗剤が必要な場所というのはべつにない。

それから掃除がしやすいように、ものをやたらと出しておかない。たとえばキッチン。私はヤカン以外はすべてしまうようにしている。水切りかごも洗い桶も置いていない。

だから揚げ物をするときはヤカンだけ避難させておけば、あとは揚げ物が終わったあとに、台ぶきんでカ〜ッと拭いておくだけで、ガス台のまわりには汚れがたまることもなく、こぎれいに保てるというわけなのである。

◆汚れが目立たない家にする

私はここに越してきたときに、フローリングはやめようと思った。理由はフローリングにすると、ホコリが目立ってしまうから。うちにはネコがいるので、どうしても汚れやすい。そんな家であっても、掃除を熱心にしなくてもこぎれいにしておくにはどうしたらいいだろうと考えた結果がカーペットだった。

だってしょっちゅう掃除機をかけて、年がら年中、ピカピカに拭いていないと、こぎれいに見えない家なんて疲れるじゃない。

歳をとって、だんだんと掃除もマメにできなくなるだろうとも考えた。

もちろん、やはりネコの毛やホコリは部屋のすみにたまってしまっているだろうけれど、それくらいは手やほうきで簡単に取っている。常にゴミを拾っていれば、それほど掃除機をかけなくても、まずまずのこぎれいさは保っていられる。それがカーペットのいいところだ。

◆今まで試行錯誤してきて、やっとわかったこと

掃除をいろいろ試してきてわかったのが、天井のホコリも本のホコリもとにかく

落としておけばいいということ。キッチンの汚れも、私はせっかちなので、調理中でも調理を中断して拭く。そうでなくても、終わってからでも拭けば、きれいが保てる。

浴室の掃除でも、水垢がたまるためにクレンザーを使って磨いたり、バターナイフや紙やすりを使ってみたりいろんなことをやってきたけれどうまくいかなかった。そして「なんだ、シャワー後に拭いておくだけでこんなにきれいになっちゃうんだ、大掃除もいらないんだ」とわかったのはここに住んでから六年後、五九歳のときのことである。

いくつになっても発見がある。

◆使いやすい掃除グッズを揃えれば、気持ちがラク！

掃除のための洗剤はいらないけれど、掃除グッズはあったほうがいい。

まず、長さ三〇センチほどの床用ブラシは、部屋のすみのホコリなどをささっと取るのに便利。掃除機をかけるほどの汚れでもないし、というときに使いやすい。

それからはたき。ホコリは意外とたまるものだけれど、はたきで落としておけばたまらない。私が使っているのは、青山のべにや民芸店のもの。古文書をコピーした紙を使ったもので、美しいはたきなので、使っていて楽しくなる。

天井や壁用の、長い柄のついたモップ。天井や壁についたホコリもこれできれいになる。キッチンの天井や壁はホコリに油がついて汚れやすいけれど、これに洗剤をちょっとつけてさっと拭けばきれいになる。

お風呂の天井もこれで拭いておけば、カビにもならない。私が愛用しているのはスウェーデン製品で、モップのクロスを外して洗えば簡単にきれいになるし、柄を変えれば窓拭きのスクィージーワイパーにもなり、とても使いやすい（１６１頁イラスト）。

◆部屋にはブラシがあちこちに置いてある

そして掃除グッズで忘れてならないのがブラシ。

仕事でさまざまなブラシを試している、ということもあるが、それよりも何よりも私は大のブラシ好き。日本でも海外でも、ついブラシを見ると買ってしまうので、うちではいたるところにブラシが置いてあったり、吊るしてあったりする。

天井のホコリを取るもの、本のホコリを取るもの、カーペットについたネコの毛を取るもの、洋服のホコリ、観葉植物のホコリ、トイレの汚れ……などなど、とにかくたくさんのブラシを持っている。

やはり使いたいときにその場にあることが大事なので、ブラシはあちこちに吊してある。天井でも本棚でも、冷蔵庫の下でも、どこでもホコリはたまるもの。それを細いブラシ、柄の長いブラシなどその場所に合ったブラシを使ってホコリを落としておけば、大掃除なんていらない。

たとえばすきまブラシは、冷蔵庫や洗濯機の下や、家具のすきまを掃除できる。いつもこれでサササッとやっていればホコリもたまらないので、大掃除も不要。掃除嫌いな人はぜひブラシを使ってみて。

ただ、パソコンやプリンターなどは、ブラシではなく、マイクロファイバークロスで作った手袋が便利。この手袋をはめてホコリを拭き取っていけば、細かいところまでホコリが取れる。汚れたら洗濯機にポイッと入れて洗えばきれいになる。これも掃除嫌いにはおすすめ。実はこの「あっちこっち掃除手袋」は、以前に私と〔クロワッサンの店〕で共同開発したもの（161頁イラスト）。〔クロワッサンの店〕とは、掃除グッズを中心にいろんなものを開発した。宣伝になってしまうけれど、ぜひ〔クロワッサンの店〕の店舗やホームページをのぞいてみてください。便利な掃除グッズがいろいろ揃っているはず。

大掃除がいらない「気になったときだけの掃除法」

◆窓ガラス掃除は雨の日に

私は「暮れの大掃除」はやらない。私の辞書には「大掃除」はない。

大掃除につきものの、家具の下や裏側も、いつもすきまブラシでサッと拭いているし、天井のホコリも天井ブラシで掃除している。

キッチンの小物を入れている引き出しなども、はしっこにホコリがたまっているのを見ればすぐに拭く。

つまり気になったときに、一分ほどの時間でちょいちょいときれいにしておけば、汚れやホコリはたまらないから、暮れの大掃除なんてしなくてもすむ。

窓ガラスは外壁と思っているから、掃除は雨の日にやる。カサをさして、窓ガラスの外側をゴムベラのついたスクィージーワイパーを使って、キューキューとやればキレイになる。

内側は結露があったときにタオルで拭いて、もう一度、乾いたタオルでカーッと拭いておしまい。

忙しいときにはやっていられなくて、窓ガラスが汚れてすごいことになっていることもあるけれど、忙しさがひと段落したときは拭いている。

というように、大掃除をしなくてもいいように汚れはためない主義だけれど、実は寒さに弱く、冬はネコのように何もしないでじっとしていたいので、寒い暮れの大掃除をしないですむようにしたいだけかもしれない。

◆「掃除をする日」なんて決めるとプレッシャーになる

私の掃除はいつも「気になったとき」。

三日に一回とか、一週間に一回とかは決めない。そうやってやることを決めて、自分にプレッシャーをかけることが、とても苦手。

もっと自由にしていたい。これがひとり暮らしのいいところだと思っているわけ。

他人が私の家を点検するわけでもなし、自分のペースでやるのがいい。

掃除機もブラシも、ふわふわとホコリが漂ってきたらサササッとかけるようにしている。とは言っても、ゴミが落ちていたらすぐに拾うけれど、ホコリはたまに見て見ぬふりをすることもある……。

◆洗面台にはゴチャゴチャとものを置かない

では、実際に私がどんなふうに掃除をしているか？　洗面台とトイレと浴室の掃除方法を簡単に紹介しよう。

洗面台を清潔に保つために大事なことは、ものを置かないことだと思う。化粧品でも小物でも置いてしまうと、さっと拭いて掃除できないために汚れる。それがわかっているので、私は何も置かない。

洗面台の鏡の右側の収納棚にはデンタルケア用品。私は歯が弱いので、歯医者にもよく通うし、歯間ブラシやうがい薬など、さまざまなケア用品が入っている。

そして左側は化粧品関係。いちおういろいろ揃っているけれど、いつも使っているのは、化粧水と乳液が一本になっている「ドクターシーラボ」のものだけ。これらのものを、洗面台まわりに置いておくことはしないでちゃんとしまっている。洗面台の掃除はマイクロファイバークロスだけ。

極細繊維のマイクロファイバークロスは、水も油も吸い込みやすく、しかも吸い込んだ汚れは洗えばきれいになり、乾きも速い。水道のレバーやガラスなどを磨いてきれいにすることもできる非常に優れもの。私は浴室やキッチンでもこのクロスを使っている。

このマイクロファイバークロスがいつも洗面台に吊るしてある。

顔を洗ったり、手を洗うと陶磁器のまわりにバシャバシャと水がはねてしまうので、そのようなときにマイクロファイバークロスで拭く。普段の掃除はそれだけ。

陶磁器は水垢がつくので、水分を拭き取っておくと、いつもきれいを保てる。クロスは乾いていないと嫌なので、できるだけ広げておいて、乾燥状態にしておく。

洗面台の陶磁器の中が汚れていたら、手でゴシゴシこすって汚れを取ってしまう。陶磁器はでこぼこが少ないので、手でこすれば汚れは落ちる。

排水溝のゴミ受けのステンレスなどは、古い歯ブラシを使ってきれいにする。これは気がついたときにやる程度。

とにかく水が飛び散ったらマイクロファイバークロスで拭く。これはしょっちゅうやっている。汚れはためないのがコツと思っているので、それに徹している。それだけでいつも清潔になっている。

◆トイレは毛の長さが違うブラシ二本で掃除

トイレには二本の掃除用ブラシを用意。どちらもキッチンで使っているブラシと同じもの（スウェーデン製。ちなみに浴室で使うブラシも同じ形）。一本はそのままだけど、もう一本はトイレの便器のフチに入るように毛の長さを自分でカットしている。

掃除の順番は、スタンダードな形のブラシで便器内をこすり、もう一本のカットしたブラシで便器のフチの中までシュッシュッとこする。それからスプレー式除菌用アルコールの「アルタン」をトイレットペーパーにシュッと吹きつけて、それで、便器のフタから便座から、便器のうしろ、床など全部を拭く。

もちろん、途中でトイレットペーパーが汚れたら、また新しく除菌用アルコールをトイレットペーパーに吹きつけて、それで拭く。

ベルギー製の「エコベール」のトイレ用洗剤はあるけれど、たまにしか使っていない。ただ香りがとてもよくて、この香りが好きなので掃除したあとにちょっと使うこともある。温水便座のコントロールパネルの上にほわっとホコリが見えてくると、それが掃除の目安。そうなると床のすみにもホコリがたまりはじめている。そうしたら掃除をする。来客の数にもよるけれど、だいたい二〜三週間に一回くらいの割合で掃除していると思う。

◆浴室掃除は使ったあとにすぐ水気を拭き取ること！

うちにはネコがいるので、浴室にネコのトイレを置いてある。

実は私はバスタブにはほとんど入らない。入るのは年に数回。ほとんどシャワーばかり。

私はバスタブでゆっくりお湯につかったあと、急激に体が冷えて風邪をひきそうになったり、あるいは気分も悪くなることもあるのであまり好きじゃない。

また、お風呂に入ったあとは体が起きてしまって目が覚めてしまう。だからといってお風呂から出たあとに仕事をすると体調が悪くなる。つまりお風呂は苦手。それで、シャワーばかり。

では浴室の掃除方法。浴室掃除は、毎日シャワーを浴びたあとにしている。

まず、シャワーは立って浴びない、というのが基本。立ってシャワーを浴びると、天井から壁まで浴室全体にシャンプーのアワやお湯が飛び散って、バチャバチャにぬれてしまうので、カビも生えるし、掃除もたいへん。浴室掃除が面倒なことを十分に承知しているから理屈を考え、あとあとのことも考えて、簡単な方法でやりたいとつい思ってしまった。

それで、まずシャワーを浴びるときには、ネコのトイレはフタをしてあるバスタブの上に避難させて、私は、しゃがんでシャワーを使って体も頭も洗うことにした。

洗い終わったら、まず最初にスクィージーで(一本スクィージーと呼んでいる)、床をこすりながら水を排水溝のほうに集めるようにする。次にマイクロファイバークロスで、鏡を拭き、壁を拭き、蛇口を拭き、ドアのパッキンもグーッと拭き、最後に床の水分もきれいに拭き取っておしまい。

クロスは浴室にあるバーにかけて乾かしておく。

これをシャワーを浴びたら必ずやる。どんなに時間がなくてもやる。シャワーは五〜七分。掃除は一分くらい。あっという間にできてしまう。

シャワーを浴びるのはほとんど朝。朝起きて、ネコの世話をして、自分もごはんをちょっと食べたりして、出かける三〇分くらい前にシャワーを浴びる。

私は「戦闘のためのシャワータイム」と呼んでいるくらいで、頭も体もしゃきっとさせるためにシャワーを浴びる。そして化粧水を顔につけて、はい、終わり（お化粧はほとんどしない）。

洋服は前日の夜に選んで、浴室近くのスペースにハンガーに吊るして用意してあるので、それを着て、すぐに出かけられる。夏は暑いので、天井につけた扇風機を回しながら外出準備をする。この風が浴室まで届くので浴室の乾きも速いはずだ。

浴室はいつも乾燥していて気持ちいいし、カビも生えない。早めに水拭きをしているので、大掃除の必要もない。これが今のところ、私のベスト掃除方法になっている。

コラム

ひとり暮らしとお金②

◆マンション購入のきっかけ

以前の住まいの向かいに古いアパートがあり、当時八三歳のおばあさんがひとりで住んでいた。ある日、アパートの建て替え計画が持ち上がり、住人は次々に出ていったが、おばあさんは引越し先がなく、ポツンと残され、ついには追い出されることに。そして心労のため具合が悪くなって、一週間ほど入院して亡くなってしまった。

そのおばあさんの一部始終を見ていたら、たとえ二〇年以上住んでいてもアパートを追い出されるかもしれず、また高齢だとどこも部屋を貸してくれないことがわかり、とても不安になってきた。それまでは「ローンを抱えるなんて嫌だ。ずっと賃貸がいい」と思っていたが、購入しないとダメなんじゃないかという気持ちになった。

◆私はずっと賃貸アパートに住んできた

一九六四年に、大学入学のため東京に出てきて、それからはずっと東京住まいだ。

最初の住まいは大学推薦の下宿で、食事つきで一万二千円くらい。場所は恵比寿だったが、汚くて臭くて、食事もまずい。住人は女ばかり二〇人ほど。三畳一間でトイレは共同。風呂はナシ。トイレも水洗ではなくビックリしてここは東京じゃないと思った。

三年生になって父が勤めていた会社の子弟寮に移った。トイレも風呂もきれいで別天地。でも恵比寿ではいろんな人と出会い、いい経験になった。

卒業してまた下宿住まいになったが、二年後に六歳年下の妹が大学入学で上京し、親からの援助もあったので、六畳と三畳とバス・トイレつきのアパートを借りた。

その後、私の友だちも一緒に住むことになり、少し広めのアパートを借りた。そのアパートから妹や友人は結婚で出ていき、ついに私はその部屋を独り占めすることになり、結局二〇年以上も住み続けたのである。

◆四年間探してやっと見つけたマンション

賃貸住まいを続けていた私が、突然、自分のためのマンションを探し始めたのが四九歳のとき。しかし四年間も探していい物件にめぐり合えず、一度は購入をあきらめた。

すると程なく、新聞に小さなマンション情報のチラシが入っていた。そのマンションはなんと住んでいたアパートのすぐ近くだったので、その日の午後には見学へ行き、すぐに購入を決めてしまった！

忘れもしない。一一月下旬にもかかわらず、その部屋は日当たりがよく、明るくてあたたかかった。私は寒いのが苦手で太陽が大好きなのだ。それまで見てきた部屋でこんなに日当たりのいいところはなかった。

本当に縁だったと思う。それまで何年間もめぐり合えなかったものに、ポンと出会うことがあるのだ。でもたくさんの物件を見てきたからこそ、自分がどんな間取りや条件を大切にしているのかがわかる。自分が求めているものがわかっていたからこそ、ここだ！　と即決できたのだ。

第3章　生活実践編②

健康あってのイキイキ老後計画

——心と体が喜ぶ食生活と、使いやすいキッチンの作り方

季節の食材を活用し、買い置きはできるだけ少なく

◆料理上手じゃないけれど、好物の料理は楽しい

私は食べることが好きだから料理は作るけれど、それほど上手というわけでもなく、面倒だと思うこともある。ただ、好きなものを食べるためなら料理する労力は惜しまないし、好きなものを食べ続けても飽きない。

好きなものは枝豆、そら豆、タケノコ、レンコン、ゴボウ……。タケノコのためなら、わざわざタケノコ掘りにも出かけてしまうし、ぬかでグツグツゆでるのだって、面倒とは思わない。

こんなふうに、自分の好きなものだけ時間をかけて作るという、ひとり暮らしだからこその食卓を楽しんでいる。

では、私の食生活をちょっと紹介しようと思う。

◆朝は軽め、昼はたっぷり、夜はお酒を飲んでのんびり

朝はミューズリーやパン、あるいはバナナなどの果物など、軽く済ませることが多い。ミューズリーはちょっと甘めの雑穀シリアルで、牛乳をかけてさくっと食べるとおいしい。

昼はしっかり食べる。私は自宅で仕事をすることも多いので、そんなときのある日の昼食の献立はこんなふうだ。

・土鍋で炊いたごはんと、大根のみそ汁
・鮭の西京漬け
・ゴボウと牛肉の煮物
・菜の花の辛子和え
・トマト

夜はお酒を飲むので、つまみだけになることが多い。昼食のおかずのうち、ゴボウと牛肉の煮物や菜の花の辛子和えは酒の肴にもなる。

◆季節の食材を使って、二〜三人分ずつ作る

六〇歳くらいになると、多少は体力や気力が衰えるけれど、時間的、気分的な余裕もちょっと出てくるので、自分の食べることくらいはちゃんとやりたい。

私はあまり複雑な料理はしないけれど、日本の四季のある食卓にしたいと思うようになってきた。たとえば菜の花の辛子和えのように、ゆでて辛子醤油で和えただけというような、簡単だけど季節のものを大事にした料理を作ることが多い。

料理を作るときは、なかなかひとり分を作るのは難しい。二〜三人分作って、一〜二日で食べている。ひとつの料理をどさりと食べるのではなく、何品もの料理をちょこちょこと食べたい。だからいつもレンコン、ゴボウ、ニンジン、大根、カブ、里イモなどの根菜類を使った常備菜といわれる料理を何品か作って冷蔵庫に入れておくようにしている。ひじきや細切り昆布など海藻類もよく料理する。

このような料理がいつも常備してあるので、食事を作るときは、メイン料理を肉

にするか、魚にするか、あるいは卵や豆腐にするかを考えるだけである。

◆まずかったら最悪なので、食材にはケチらない

ひとりの食事では、まずかったら最悪！　だから私は食材にはお金を惜しまないことにしている。お金を何に使うかは人それぞれだけど、私は洋服代やクリーニング代にはケチっても、食費にはケチりたくない。

ケチりたくないといっても、豪勢なフランス料理を食べるなんてことじゃなくて、枝豆が二種類あったら、おいしそうな高いほうを買うという程度だが、日常の食卓の食材にはお金をかけたい。特にトマトやキュウリ、レタス、キャベツ、そしてお刺身など、生で食べる食材はいいものを選ぶ。

◆自分の食生活を書き出すと、バランスの悪さが見えてくる

食いしん坊の私でも疲れていたら、食事を作る元気がなくなる。そんなときはお弁当を買うけれど、おかずの品数が多いものを選ぶことにしている。単品のものでは栄養が偏ってしまうので、バランスよくあれこれと入っているものにする。

一日一回はきちんとした食事をしたいとは思う。でも「一日一回はきちんとした食事」なんて決めてしまうのもつらいので、一週間くらいの単位で考えて、栄養のバランスをとっていくようにしている。

私は以前に、自分の食べたものを二ヵ月ほど書き出したことがある。そうすると自分の食事のバランスの悪さが見えるし、自分の食生活のクセがわかる。

私の食事で見えてきたのは「ごはんをよく食べているな」とか、「根菜類はたくさん食べているけれど、海藻類や豆類はちょっと足りない」「朝の果物が少ない」など。

それだけでもわかると、ごはんを少なくしたり、お酒を控えたり、海藻類をとるようにしたり、朝はビタミンを足していこうとか、あるいは、「ごはん中心の献立で塩気の多いおかずになりやすいようなので気をつけよう」など食事内容に気をつけようと、心がけるようになる。

もちろん、自分の好物を並べることができるのが、ひとり暮らしの良さなのだから、嫌いなものまで無理には食べないが、それでも死ぬまで健康でいるには、やはり食事には気をつけたい。

◆長寿で元気な人たちはお肉好き

今のところ、私は健康診断に行っても何も問題はない。これから老いてはいくのだが、急激に衰えないように、少しずつ歳をとりたい。そのためには食生活こそ大事だと、七〇代、八〇代の先輩を見ていてそう思う。

元気でイキイキしている人は、食をおろそかにしていないからだ。

吉沢久子先生も日野《ひの》原《はら》重明《しげあき》先生も、お魚も食べるけれど、どちらかと言えばお肉が好き。そして朝から果物をたくさん召し上がってビタミンをたっぷりとっている。お二人とも一〇〇歳近くなっても、信じられないくらいお元気。もちろん、食べ物だけではなく、生き方そのものがすばらしいのでお元気なのだと思うけれど、それでもしっかりたんぱく質をとっている人は長生きするような気がする。

◆ひとり暮らしだって、大根一本、白菜もキャベツも一個ペロリ

ひとり暮らしでは、季節の野菜を選んで食べることが多い。ひとりではそれほどたくさんの種類の野菜を買い込むわけにもいかないので、それならば「季節の野菜を食べよう」ということになる。

また、食材の買い物では重くてかさばる野菜、たとえば大根やジャガイモや白菜は、それほど大量に買っても消費するには時間がかかるし、重くて持てないこともあって「今日は大根だけにしよう」などということになる。今週は大根、来週は白菜、再来週はキャベツ、というようになる。

とはいっても、私は大根一本なんてすぐに食べてしまう。大根の首のほうは大根おろしにしたり、サラダに使ったり。サラダは定番のホタテ（缶詰）と千切り大根のマヨネーズ和えサラダが好き。あとはみそ汁にしたり、イカと煮たりして、ひとりでもあっという間に食べてしまう。

白菜も半分に切ったものではなく、丸ごと一個買ってしまう。切った野菜は買いたくない。白菜はなんといっても、「白菜とベーコンの重ね蒸し」が好き。白菜がヒューッと少なくなって、いくらでも食べられる。

作り方は、鍋に白菜とベーコンを交互に重ねて入れて、水と塩をほんのちょっと入れてフタをして、とろ火で蒸す。フタができないくらいぎっしり鍋に盛り上がっていても、蒸すと半分以下になってしまう。それを取り出してさくさくと切ってそのまま食べる。ベーコンの味だけで、とってもおいしい。ちょっと贅沢しておいしいベーコンを使うとさらにおいしい。

白菜はこの「重ね蒸し」でほとんど使うけれど、白菜のみそ汁もよく作るし、炒めた白菜も好き。中華風の味つけにして、片栗粉でとろみをつけてあんかけふうにする。

キャベツ一個もあっという間に食べてしまう。一番よく作るのはコールスローサラダ。キャベツの約半分を千切りにして、酢と油と塩とハチミツ（またはきび砂糖）とで作ったドレッシングを回しがけしてしんなりさせる。冷蔵庫に入れておけば毎日食べられる。キュウリとキャベツの一夜漬けもおいしい。

ゴボウだって、牛肉との煮物を作ればすぐに使ってしまう。ゴボウ二本に牛肉二五〇gを使って、たっぷり作っても、あっという間に食べてしまう。

◆何歳になっても、作っているうちに料理は上手になる

最近になって、やっぱり料理は作らないと上手にならないことがようやくわかってきた。それにこの歳になっても料理は作り続ければ腕は落ちないし、向上することもあるのだ。料理は作らなければ、下手になってしまう。

料理上手になるコツはいろいろあると思うけれど、吉沢久子先生に、「とにかく味見をしなさい。そうすれば味がわかってくる」と言われて、本当にそうだなあと思うこの頃である。

適当な味つけをしないで、ちゃんと味見をして味の調節を繰り返すことで、料理が上手になるようだ。

六〇過ぎからでも料理上手になって、いつまでも自分が好きな料理が作れるよう、がんばりたいと思っている。「好きこそものの上手なれ」と言われるが、そのことばどおりで、大好きな枝豆やそら豆をゆでるなら昔からすご〜く上手にできる。不思議だ。

◆出来合いのお惣菜はあまり買いたくない

私は他人が作って売っているものをあまり信用していない。だって何が入っているかわからないからだ。対面販売のお惣菜は添加物などの表示もない。パックに入ったお惣菜の成分表を見ると、添加物がいっぱい入っている。毎日食べたらどうなるんだろう。

自分で料理をしていても、しょうゆなどの調味料にも多少は添加物も入っている。でも、それほど多くはないし、古い油も使っていないから、安心して食べられる。

そうこうして、いろいろ思っているうちに、加工食品や出来合いのお惣菜はあまり買わなくなってしまった。

でも、最近になって、疲れすぎて頭が空っぽになったとき試しに出来合いお総菜を買ってみたら、意外とグー。たまには、出来合いもいいかな、と考えをチェンジするようにもなっている。

◆好きな食材で、バランスのよい献立を考える

私は使いやすい調理器具を揃えているわけでもないし、調理しやすい広いキッチンがあるわけでもない。でも、おいしくないものは食べたくない、素性のわからないものは避けたいと思うと、自分でやるしかない。

やっぱり料理は好きなものを作ることだと思う。好きなものなら楽しく作れる。創意工夫もできる。私は豆類、根菜類、煮物が好きなので、面倒くさいと思わずに作ることができる。

ところが苦手料理も多い。

ハンバーグはだめ、カレーもだめ、餃子もいまいち。辛い料理も苦手なので作らない。パスタも作らない。パスタをゆでれば、でろ〜んとなっちゃう。アルデンテのイメージがわからないのだ。枝豆だったら、ドンピシャリでのゆで加減ができるのにどうしてだろう？　自分でも不思議だ。

パスタはだめだけど、イタリア料理全部が苦手というわけでもなくて、タケノコの季節になると自分たちで収穫したタケノコでトマトソースを作って冷凍しておく。ジャガイモにかけてグリルで焼いたりして食べている。

同居人もいないのだから、苦手料理を克服する必要もなく、好きな料理のなかで、栄養バランスを考えていけばいい。好きなものを作るようにすれば楽しく料理ができる。その中で欠けてしまいがちな食品をちょっとプラスしてとるようにすればいいと考えている。たとえば、ワカメと小魚だけは多く食べるようにしようとか……。

それも好きな食材を一緒に使って料理すれば、食材を残さずに使い切ることができるというものだ。

冷蔵庫は小さめにして、無駄なく

◆スーパーはうちの冷蔵庫と思っている

さて、うちのキッチンの特徴は、まず冷蔵庫が小さめ（「無印良品」の二四六リットルの冷蔵庫）ということだ。

大きな冷蔵庫があると、ついついたくさん入れてしまうから、私は大きな冷蔵庫は好きじゃない。たくさん食品を入れないようにして、すぐに中に何があるかわかるようにしていないと、食べ切れない。結局は忘れてダメにしてしまうのを数えきれないくらい経験した。

「冷蔵庫の中が整理できない」「冷蔵庫にものを詰め込んでしまう」「冷蔵庫のものをダメにしてしまう」という相談をよくされるけれど、私は冷蔵庫は仮置き場だと思っている。

本当の冷蔵庫はスーパーやデパートにある冷蔵庫。今はコンビニなら二四時間、スーパーでも夜一一時頃までやっているし、デパートでも八時くらいまでやっている。お店には野菜でも肉でもいっぱいあるので、うちの冷蔵庫は、調理するためにその冷蔵庫から運んできて、一時的に置いている場所。だからそんなにたくさんの食品を冷蔵庫に置いておく必要はないのだ。

私の冷蔵庫の使い方は、まず冷蔵室の一番下の段（チルドルーム）に肉や魚などの食材を入れる。そして野菜室の野菜を合わせて使って調理をして、食べる。冷蔵室の真ん中の棚に、調理したもの、残りもの（大根の煮物やゴボウのきんぴらなどの常備菜）を入れておく。

そして、この総菜棚にあるものをすべて食べ切ってしまったら、また常備菜を作る。この棚に料理があるうちは作らない。

また、**野菜室や冷蔵室の下段に野菜や肉や魚があるうちは買い物に出かけない。**今ある食材をなんとかうまく組み合わせて調理する。このようにどんどん食べ切って、使い切っていかないと、だめにするものが増えるだけである。

そして冷蔵室の下段や、野菜室に入りきらないほどの食材を買わないことも大事。

まとめ買いは食材をダメにする確率が高い。

◆冷凍食品は使わない。自分で作ったものを冷凍するだけ

冷凍室に入っているのは、じゃこ、塩鮭、明太子、コーヒー、パン粉、炊き込みご飯、おから、切り餅、など。それから、まんじゅうやアイスクリーム。

あと自分で作ったミートソースや春巻など。冷凍食品は買わないけれど、自分で作ったものは冷凍することもある。

それに漢方薬が多い。冷凍庫の食品はすべて保存袋の「ジップロック」に入れて、ファイルのように縦に並べて入れてある。

電子レンジがないと言うとびっくりされるけれど、冷凍品は自然解凍や蒸したりして解凍している。急ぐときはあわててお湯をかけて解凍することもあるけれど、それでもあまり困らない。レンジでチン！　なんてどこか変だと思っているからだ。

◆火を使うときはへばりついて、調理に専念する！

五〇歳を過ぎてからの調理の鉄則は、「調理中は火のそばから離れない」ことである。

掃除と洗濯は掛け持ちでやることができる。でも調理は単独でやる。火がついているときは、電話をかけるときも火のそばでやり、本も火のそばで読む。とにかく火のそばにへばりついていること。

あっちこっちと掃除しながら、あるいは洗濯物を干しながら、調理するなんてとんでもない！

若い頃は、タイマーを合わせれば大丈夫だったかもしれない。だけど、歳をとってくると、タイマーが鳴っても「あ、火を止めなくちゃ」と思っているうちに、そのまま火を止めることを忘れてしまうのだ！

私は自分の記憶力をすでに信用できなくなっているので、調理だけは「ながら」は絶対にやめ、単独でやる。それはみなさんも同じだと思うのだが、どうだろう。

◆火を使わないIHクッキングヒーターもいい

IHクッキングヒーターを実験的に使った。

火を使わず、時間設定、温度設定ができるIHクッキングヒーターは安全で安心。お掃除もラク。煮込み料理を作るときも、フタをしてタイマーを合わせておけば、ほっといても安心なところはすばらしい。温度もそれ以上あがることもないし、時間がくればスイッチが切れるから、火事の心配もない。

ガスだったら、いくら弱火にしてもほっとけないので、物忘れが多くなりつつある六〇代には向かなくなってきたかなと思ったりもする。

私はIHクッキングヒーターにまだ慣れなくて使いこなせていないけれど、すでにIHクッキングヒーターを使っている知人によると、六〇歳を過ぎてから使い始めても、使いこなせるようになるらしい。六〇歳を過ぎてひとり暮らしを始めるなら、IHクッキングヒーターでもいいかもしれない。

ただ、IHクッキングヒーターでも使える鍋に買い替えなくてはならないのが難点。それに、私は原子力発電が嫌いなので、原子力発電を推進している電力会社の電気をたくさん使うのも気がすすまない。

だから私はきっとガスを使い続けることになるだろうから、十分に火の扱いには気をつけるようにしたい。

鍋を焦がしても、火事にならなければいいけれど、それでも鍋を焦がすと落ち込むし、嫌だなあと思う。それに、焦がした鍋をゴシゴシ磨くのはさらにグンとへこむので、そういう事態を避けるためにも、タイマーをかけて、しかも、火のそばからは離れないようにしたい。

タイマーで思い出したけれど、火を使うときはタイマーに頼らないほうがいいが、「三分でここの掃除をやろう」「五分で片づけてしまおう」などというときは、タイマーが便利だ。ひとり暮らしでは、誰からも「早く」と時間についての縛りがないから、だらだらと掃除や片づけをしてしまう。自分にカツを入れるために、タイマーは活用できる。

キッチンは明るく、使いやすく

◆暗い台所は気が滅入る。高すぎる戸棚はもう手が届かない

収納のところでちょっと書いたけれど、キッチンは入居前にリフォームした。入居前のキッチンは独立型。閉鎖的で暗い空間だったので、リビングルームとの壁面を大きく切って開け、リビングルームとキッチンがつながっているようにした。シンクやガス台などは、リビングに背を向けて作業をするようだったので、ここも明るいリビングに向かって作業ができるように、シンクやガスの位置も変えた。

そのとき、吊り戸棚もつけた。キッチンの手の届かないところに吊り戸棚がある家が多いけれど、手が届かない場所にある棚に入っているものは使わなくなる。使わないものを入れておく場所なんていらない。ということで、手の届く場所にだけ

棚をつけた。手が届く高さなので大いに活用している。

◆大切な食器が割れても気にしない

食器はキッチンにある食器棚に全部収納。今はかなりギッシリ入っている。食器は好きでつい買ってしまうけれど、この食器棚からはみ出さない枚数しか持たないと決めてあるので、満杯の今は、食器を買い足すことができない。ま、それもいいかな。

食器は客用、自分用なんて区別はなし。どれも均等に使っている。和の食器は五客ずつ揃っているのが通常なので、たいていどれも五個ずつ揃えるけれど、もうかなり割れていて、揃っていないものも多い。

私がいつも割るわけではないけれど。つまり他人がキッチンにも出入りして、他人にやってもらうということは、多少そういうこともあるということなのだ。それが嫌なら自分でやるしかない。

私は食器は好きだけど、割られたら困るなんて思いたくない。大事な食器が割れたって、それもしょうがない。こだわらないことにしている。

私は「呑んべえ」なので、お酒を飲むグラスや器、コースターなどはけっこう多い。人が集まったときは大皿に盛って出すので、取り皿も多い。つまりは、酒盛りを楽しめるような食器の揃え方になっているのだ。これもひとり暮らしだからこそできる、食器の揃え方なのだ。

◆少しの調理用具しか持っていない

私はそんなにすごい料理を作ったりしないので、調理用具は最低限しかない。使いやすいものばかりを厳選しているかといわれれば、正直なところ、それほどでもないと思う。

鍋はレンジ下に収納。鍋は大中小。中だけ三個。あとは一個ずつ。

わが家には炊飯器がないので、専用のごはんを炊くための土鍋、それに中華風のせいろの蒸し器（１６０頁イラスト）。蒸し器は大好き！　蒸し物が好きなので、いつでも気軽に、蒸し器を使う。ごはんを温めたり、サツマイモをふかしたり、シューマイを蒸したり。大活躍している。

あとは中華鍋。私は何でもみんな中華鍋で作ってしまう。卵焼きでも炒め物でも、きんぴらでも何でも。使いこんであるので、とても使いやすい。

フッ素樹脂加工のフライパンは「試してみてください」とメーカーからもらったものがあるけれど、私には使いにくくて。うちはすき焼き鍋がないので、すき焼きをするのに便利なことくらいかなあ。

◆電子レンジも炊飯器もなし。だけど案外、いけます

ごはんを炊くのは土鍋。炊飯器は場所をとるし、炊飯器より土鍋のほうがおいしくごはんが炊けるので、炊飯器はなくても困らない。

オーブンもトースターもなし。ガスレンジについている魚焼きグリルですべて焼いている。これもぜんぜん困らない。

冷凍食品はほとんど使わないので電子レンジを持っていない。

以前は持っていたけれど、故障したときに電子レンジなしの生活を試してみたら、それほど困らなかったので、そのまま購入していない。今でもあまり不便はしていないというのが実情だ。

冷凍したごはんも蒸し器でふかせばたいして時間もかからずに食べられるし、電

子レンジで温めるよりも、ほわ〜んとした感じになるのが好き。

冷凍した肉や魚で調理するときは前日から解凍しなければならないので、計画性がないと調理もできないけれど、いざとなったら、お湯をかけたりすれば解凍もできる。どれもこれも、あってもいいけれど、なくても困らないのである。

◆キッチンの吊り戸棚はかごで分類。かごごと出せるから便利

さて、冷蔵庫には食材をため込まないし、冷凍食品もレトルト食品も持たない私だが、お茶と乾物はたくさん持っている。それらが入っているのが、取り出しやすい場所につけた吊り戸棚なのである（１５６頁イラスト）。

吊り戸棚の中は、いつも飲んでいるお茶の入ったかご、特別なお茶が入ったかご、調味料が入ったかご、乾物の入ったかごなどに分類されている。

調理するときは調味料のかごごと出せば調理しやすいし、しまうのも簡単。

特別なお茶とは、中国の一葉茶。葉っぱ一枚だけで十分に淹《い》れることができるお茶で、苦いけれど口の中や体がさっぱりする。おいしくてやみつきになっている、大事な中国茶なのである。

ほかには高級緑茶、ハーブティーなど。紅茶の種類もいろいろ揃っている。「いつも飲んでいるお茶のかご」に入っているのは、緑茶、そば茶、野草茶、ほうじ茶、ウーロン茶など。

◆ひとり暮らしでのお茶の時間は、大事な気分転換

ひとり暮らしでお茶の時間は大事。暮らしが優雅になるし、気分転換になる。仕事中でも本を読んでいるときでも、ひと休みのときでも、帰宅したときでも、すぐにお茶を淹れて飲んでいる。そのときの気分によって、コーヒーになったり、紅茶になったり、日本茶になったり。

一番好きなのは、ごはんを食べたあとに、「何のお茶にしようかな?」と迷うときだ。なぜなら、お茶は食後の一服という感じで、食事を締めくくる大事な時間だもの。

お風呂に入るのが好きだったり、アロマが好きな人と同じように、私は気を落ち着けるために「まずはお茶を一杯」となる。

落ち込んだときにもお茶、疲れたときにもお茶。お茶を飲むとホッとして「さあ、

がんばろう」とやる気になったりもする。ティータイムはとても大事にしているから、お茶の種類もこんなに増えてしまった。

お茶のストックがすごいのは、やはり「何を飲もうかな」というときに、チョイスの幅を広くしておきたいため。

チョイスの幅を広くしておきたいのは、一品料理が好きじゃなくて、食事はチョコチョコと料理を並べたいというのと同じだと思う。今、書いていて気づいたのだが、きっとカレーやスパゲティって、せいぜいそれにサラダがつくくらいで完結してしまう献立だから、あまり好きになれないのかもしれない。

食費の中で、お茶代はけっこうになるけれど、お茶にはお金を惜しんでいない。洋服はどうでもいいけれど、お茶はおいしいものを飲みたい。

電気ポットは持っていなくて、飲みたいときはその都度お湯を沸かしてお茶を淹れて飲む。冬はガスストーブの上にヤカンをのせて、そのお湯でお茶を淹れている。

◆ヤカンに炭を入れて、水道の水もおいしく

お茶といえば水が気になるが、私はいつもヤカンの中に炭を入れておいて、そ

れで水を沸かしてお茶を飲んでいる（156頁イラスト）。冷たい水を作るときも、炭を入れた水を一度沸かして冷まし、ペットボトルに入れて冷やす。

炭は長く使える。三ヵ月に一度ほど、水で洗って、干して乾かす、という手入れをしていればずっと使える。炭には穴があって、その中に不純物が入るので、炭を洗って乾かすと、その不純物がなくなり、きれいになる。

炭の使い始めも、洗って干してから使うことを忘れずに。間違っても洗剤で洗ったりしないように。たわしでこすらなくても、水を流しながら手で洗えばだいじょうぶ。

吉沢久子先生のお宅のキッチンには、井戸水からくみ上げた水が使える蛇口があった。夏は冷たいし、冬は温かい。隣に水道水の蛇口があるけれど、ここからの水とは明らかに違う。私にとって、この井戸水の味が、水の基準になっている（残念ながら、二〇一一年の東日本大震災で使えなくなってしまった）。

◆乾物は「ジップロック」に入れて、湿気を遮断

もうひとつのかごに入っているのは乾物。乾物は乾燥してあるけれど、そのまま

ではやはり味が落ちてしまう気がするので、使いかけのものはそれぞれ「ジップロック」に入れておく。

春雨、のり、干ししいたけ、豆類、ナッツ類、ひじき、かつおぶし、ふのり（おみそ汁にパッとちらすとおいしい）、細切りの寒天（酢の物やお吸い物にパッと入れると、ふわっとなる。手間いらずでおいしく食べられる）など。

もうひとつのかごには、葛やしょうが湯など漢方関係のもの。

私は体が冷えて風邪をひきやすいので、体を温めるしょうがは欠かせない。市販のしょうが湯を簡単に作ったり、時には、すりおろしたしょうがに、ハチミツとゆずを入れて作ったりしている。

冷凍食品やレトルト食品はないけれど、乾物はしっかり揃えている。

◆便利グッズのピーラー、キッチンバサミ、グリッパー

キッチンで紹介したいもの、といえばキッチンの便利グッズ三点がある。

ピーラーはやっぱり皮むきが早くできるので便利。一番普及しているピーラーは多分T型のものだろうけれど、私はこのタイプが苦手。キュウリなどの細いものの

皮をこれでむくと、指までむいてしまいそうで怖い。

私が愛用しているのは、ピーラーでもタテ型の細長い形のもの。レンコンのような固くて皮がむきづらい野菜の皮が、シャシャッとむけるのはとても便利。T型のピーラーが使いづらいと思っている人はぜひ試してみて。

キッチンバサミはドイツ製がいい。ひとつは持っていたい。魚の骨や鶏の骨をバチバチと切ったり、あるいはビニール製のパッケージを切ることに使ったり。やはりよく切れるものを持っていたい。

それとゴム製のグリッパーは必需品。これがないとビンのフタも開けられないし、ペットボトルなどのフタもきついときはこれで開ける。とても便利！

七〇〇〜八〇〇〇円で買えるものなので、おすすめ。だんだん手や指の力が衰えて力が入らなくなっているので、便利グッズは揃えたほうがいい。


キッチンだけではないけれど、指の力が弱くなると、家電製品のプラグをコンセントから抜くのも大変になる。そんな人には、プラグアタッチメントという便利グッズがおすすめ（153頁イラスト）。レバーがついていて、レバーを押しながら手前に引けば簡単に抜くことができる。コンセントをこまめに抜くことは省エネにもつながる。東急ハンズや電気屋さんでも扱っているので探してみて。

洗剤不要のキッチン術

◆食器洗いはスポンジは使わず、アミたわしで

食器を洗うとき、私はスポンジは使わない。洗剤もほとんど使わない。

愛用しているのは「アミたわし」。アミたわしとは、ポリエステル一〇〇％の二〇センチくらいのメッシュの布。洗剤を使わずに油汚れも取れるし、茶渋もきれいになる。

なんといってもすぐに乾くので衛生的。このアミたわしは、けっこう力強い。二重になっているので、ゴシゴシと洗うと、鍋の焦げつきなどもきれいに取れる。ポリエステル製なので強い力でこすってもだめにならず、耐久性がある。

食器洗いの手順は、お湯または水で汚れを洗い流して、アミたわしでササッと洗

手や指の力が衰えても 便利グッズを揃えれば不自由なし！

①

②

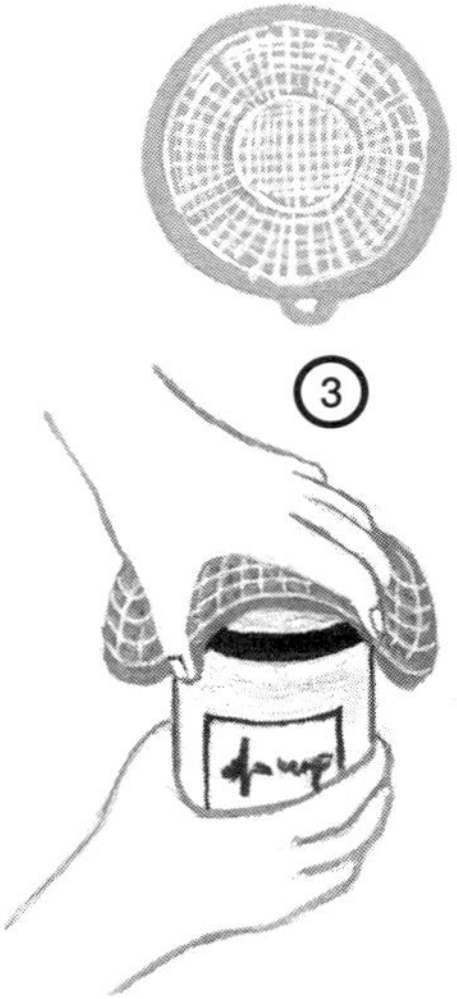
③

①ピーラーはタテ型を愛用。指先の器用さが衰えても使いやすい。②キッチンバサミは、魚や鶏の骨を切ったり、ネギの小口切りにも便利。③ゴム製のグリッパー。固くしまったビンのフタもかぶせてねじるだけで簡単に開けられる。

掃除機などのプラグをコンセントから抜くには、意外に力がいる。この「プラグアタッチメント」にはレバーがついているので、てこの応用で簡単に抜くことができる。

ったら、それでおしまい。食器も鍋もすべてアミたわしで洗う。これでたいていのものはきれいになる。

洗剤は、よっぽど汚れが落ちなくて困ったなというときに、ちょっと使ったりするだけ。環境にやさしいベルギー製の「エコベール」の洗剤を持っているけれど、実はあまり使わないので、一本を四年以上かけて使っている。友だちが食器を洗うとき、「洗剤がないの?」と聞かれるので、そのときに使うだけ。

アミたわしが汚れてしまったときは、キッチンに置いてある普通の固形石けんをつけてこすると、きれいになる。

洗剤を使わないと汚れが落ちないように思っている人は多いけれど、もしかしたら企業の宣伝に流されているだけ?

汚れを見ないで、何でも洗剤を使ってこそ汚れが落ちるというような錯覚に陥っていると思う。汚れが少なければ、洗剤なんて使わなくてもきれいになる。何も考えずに、洗剤の宣伝を鵜呑《うの》みにしないでほしい。

スポンジは乾きにくいので不衛生だし、洗剤をいっぱい使いたくなるので使わない。キッチンだけでなく、家のどこでもスポンジは使っていない。

私が見た限りでは、食器洗いにスポンジを使うなんて日本くらいだ。欧米ではほとんどが柄のついたブラシを使っていた。食器でも鍋でもブラシ。ブラシもすぐに乾いて衛生的なので好き。

私のお気に入りのブラシは輸入物だけど、とても使いやすくて、浴室などの掃除にも使っている。

◆洗剤との付き合い方

私のキッチンにある洗剤はベルギー製の「エコベール」と、ドイツ製のステンレス磨き。「エコベール」は使いやすいというより、ここの会社の企業姿勢が好き。合成洗剤ではない複合洗剤なので、環境にいい。

洗剤が環境に配慮してあるだけでなく、工場もリサイクル可能な木造建築で、工場排水や消費エネルギーにも気を使っているし、工場見学もできる。私はベルギーの工場に二度も見学に行った。

日本のものがすべて悪いと思っているわけではないけれど、見学させてもらえたことがない。日本の工場ももっとオープンにすればいいのにと思う。

お茶の時間は
ひとり暮らしのアクセント

普段はレンジの上には何も置かないようにしているが、ヤカンだけはすぐ使えるよういつも出して置いてある。お茶に使うお湯は、水道水に炭を入れて沸かせば、井戸水で沸かしたお湯とあまり変わらない味になる。

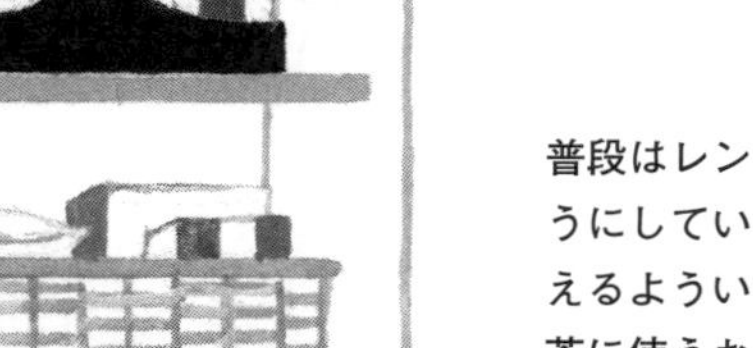

食後はもちろん、仕事中でも本を読んでいるときでもお茶を淹れる。気分転換にもなる。

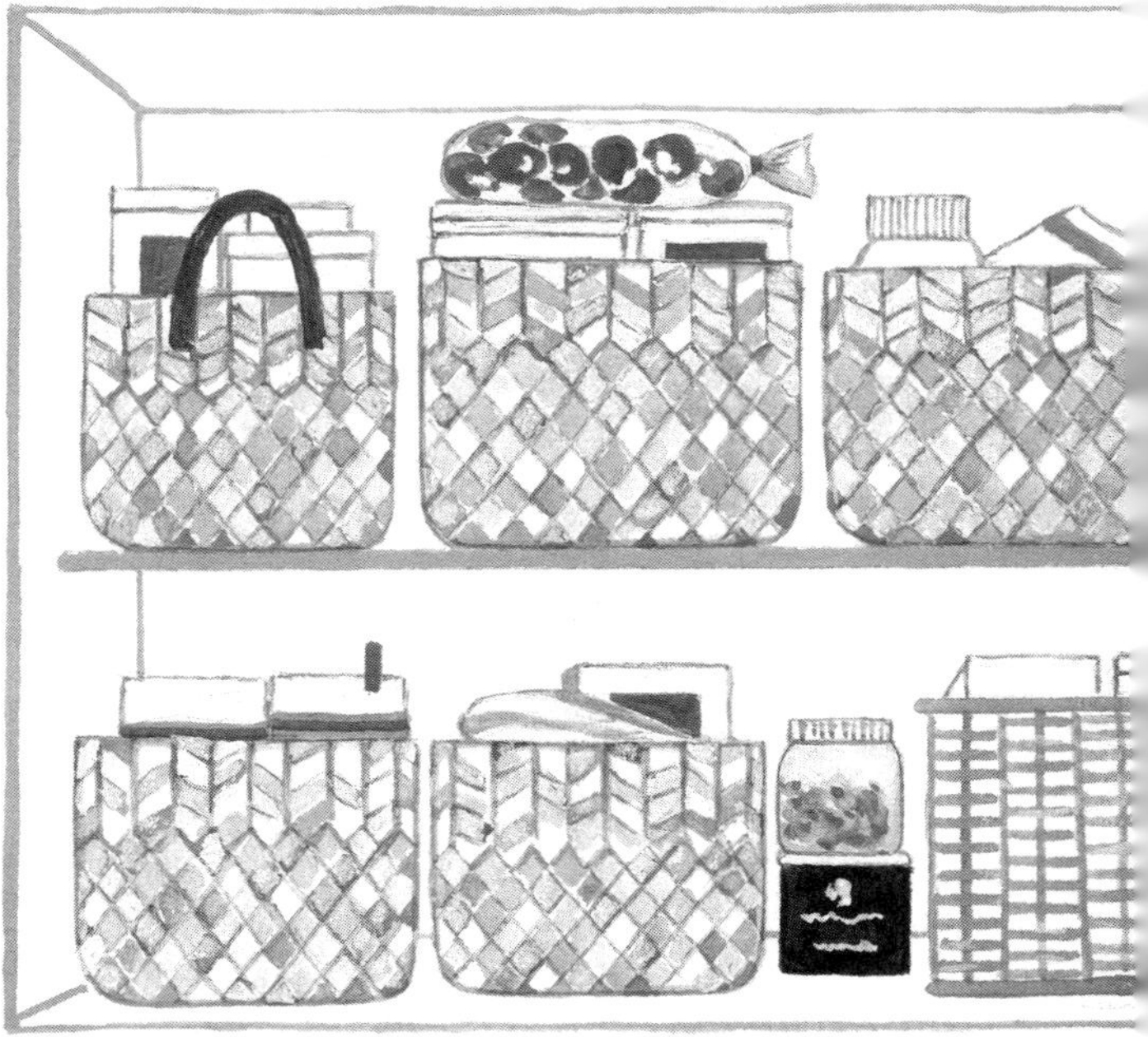

手が届き、使いやすい場所にあるキッチンの吊り戸棚。
3つはお茶のかごで、他は主に乾物などが入っている。

ステンレス磨きは日本製ではいいものがなかったのでドイツ製を使っている。ステンレスを磨くとき、ぬらして磨く人がいるけれど、それでは輝かない。磨くときはぬらさないで磨かなくちゃ。

汚れがついていたら、もちろんぬらして洗うけれども、そのあとは水分を拭き取って、研磨剤や溶剤などが入っているステンレス磨きで磨けば、ステンレスもピカピカになる。

◆水切りかごは、ザルとボウルで代用

私のキッチンには水切りかごがない。

食器を洗ったあとは、大きなザルで水を切って、ササッとふきんで拭いて、食器もザルもしまってしまう。水切りかごって、なんだかいつもぬれていてヌルッとしているみたいで好きじゃない。

シンクに置きっぱなしにしていることが多い洗い桶も、きれいにするのにはひと手間かかる。私は面倒なのが嫌い。だからどちらも置いていない。最近、水切りクッションを使うようになり、もっとラクになった。

洗い物をするときは大きなボウルを使う。大きなボウルで、食器を洗い野菜も洗い、粉をこねたりもする。使い終わったら、洗って拭いてすぐにしまう。シンクに出しっぱなしにはしない。

シンクにも作業台にも余計なものが出ていると、掃除しにくくなって汚れがたまる。最終的に出ているのはヤカンくらいで、洗剤も何もかもしまう場所がある。

だいたい作業スペースによけいなものが出ていたら、調理もしにくいではないか。

ところで、私が使っているザルというのは、竹のザルである。ステンレスやプラスチックのザルではない。調理用品の中でも飛びぬけて竹ザルが多く（笑ってしまうくらい）、大中小さまざまな竹のザルがある。

つまり天然素材の竹ザルが好きなのだ。生活は「シンプルに、持ち物は少なく！」を心がけている割には、好きなものはどんどん買って集めてしまう。

われながら矛盾している。でも、こんな傾《かしが》ったことができるのもひとり暮らしだからこそ、と思っている。

必要なものだけと思っても好きなものは集めてしまう

「シンプルに、持ちものを少なく」と心がけてはいるのだが、つい……。でも、これがひとり暮らしの醍醐味！

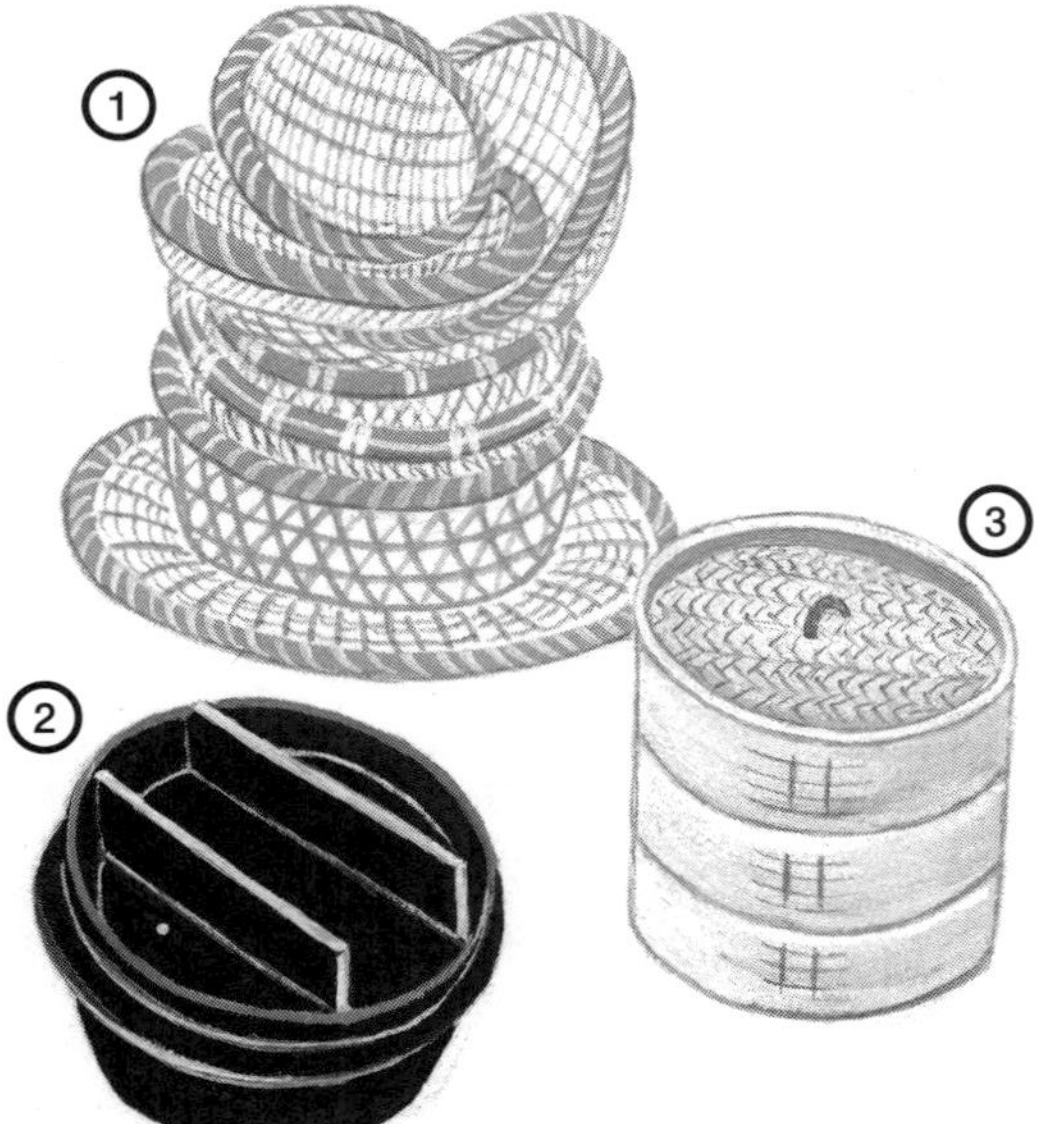

愛用しているキッチン用品。
①竹ザル。食器の水切りから、枝豆の盛り付けなど、使い方はさまざま。②炊飯専用の土鍋。③蒸し器（中国風せいろ）。蒸し料理が大好きなので、気軽に使っている。冷凍ごはんも蒸し器で温めるとおいしい。

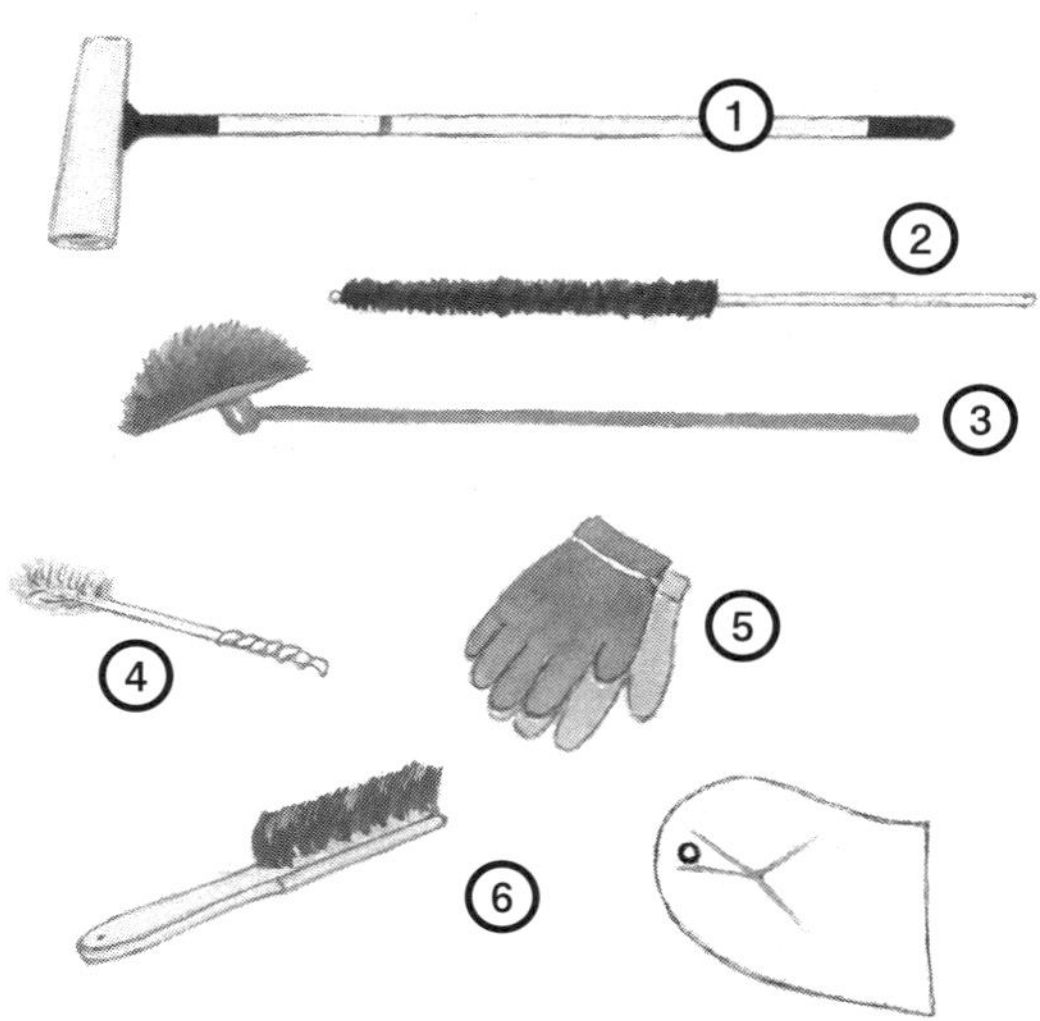

使いやすい道具を揃えておけば、掃除も簡単で楽しくなる。
①スクィージーモップ。天井、壁用。②隙間ブラシ。冷蔵庫、家具の裏や下の掃除に。③天井ブラシ。照明器具やカーテンレールの上のホコリ掃除に。④キッチンブラシ。お風呂やトイレ掃除にも便利。⑤あっちこっち掃除手袋。手にはめればホコリとりも簡単。⑥床用ブラシとちりとり。カーペットのゴミやホコリとりに最適。

領収書は専用の引き出しへ。その日のうちにささっと科目ごとに分けておくと、家計簿もつけやすく、確定申告や医療費控除の申請書類の作成もラク。

◆きれいに保つコツは、「汚れたらすぐに拭く」

キッチンをきれいに保つコツは、家の中の掃除と同じ。とにかく汚れたらすぐに拭くこと。これにつきる。

煮物などで吹きこぼれたら、たとえ調理中であっても火を止めて、台ぶきんで汚れを拭き取ってしまう。揚げ物をしたら、そのあとすぐに台ぶきんでガス台やまわりの壁などをさっと拭いてしまう。

調理が終わったら、ガス台から作業台まですべてをきれいに拭く。これだけで、キッチンはいつも清潔にしておける。

キッチンにある台ぶきんは、ウルトラマイクロファイバークロス「MQ《エムキュー》・Duotex《デュオテックス》」。極細繊維で編み上げられた布なので、ホコリも油汚れもよく取れるし、キズをつけずに磨くこともでき、さらにすぐに乾くので衛生的で使いやすい。台ぶきん用と床拭き用を使っている。最低これだけあればOKと思う。人それぞれの暮らし方によって、必要枚数は違うとは思うけど。

油取り用はファイバークロス「フキペット」で、水で絞って、換気扇の網、換気扇のまわりを拭く。二〜三ヵ月に一回、汚れてきたなと思ったら、水でぬらしたファイバークロスでゴシゴシと拭くだけで、換気扇の網もきれいになる。

少しベトベトが残るけれど、洗剤を使わないで汚れを落とすのがエコだと思うから、それくらいは気にしない。

汚れたクロスは、石けんをつけて汚れを落とす。換気扇の網を拭いたファイバークロスも、キッチンに置いてある普通の固形石けんをつけて洗えばきれいになってしまう。

石けんは油汚れを落とすのに、とても優秀。石けんの洗浄力はすごい。いずれのクロスも、干しておくとすぐに乾いて、衛生的なのもいい。

冷蔵庫も開けたときに、汚れを見つけたら、すぐに台ぶきんで拭く。

部屋の掃除と同じで、汚れをためてしまうと、強力な洗剤が必要だったり、汚れを落とすのに時間がかかってうんざりしてしまう。でも毎日一分でも、クロスで拭いていれば、油汚れだって簡単に落ちて、きれいな状態を保てるのだ。

掃除嫌いで、掃除苦手な私が、やっとたどり着いた掃除方法の「汚れはためなければ、大掃除もいらない」。ぜひ試してみて。

コラム

ひとり暮らしとお金 ③

◆ローンを必死で繰り上げ返済

現在住んでいるマンションは五三歳のとき、一五年ローンで購入。月々の返済は約一二万円。それまでの家賃が七万円だったので、支出が増えることになった。

何しろ収入が不安定な職業なので負債を抱える不安は最初からあった。間が悪いことに、マンション購入後に仕事が減った時期があり、負債が重くてとても不安だった。

そこでまず、生命保険を解約した。高額をかけていたが、私が死んでも困る人もいないのでやめたら、それで、けっこうまとまった額の繰り上げ返済ができた。

そしてもうひとつ、友だちにけっこうな金額を貸していたのだが、その友だちの状況がよくなっていたので、まとめて返済してもらい、これも繰り上げ返済に充てた。

その結果、一〇年もかからずに返済でき、返済完了のときは本当にうれしかった。

貯蓄をはたいてマンションを購入したため、貯蓄がないことも不安で、ローンを払いながら積立貯金も始めた。だからその頃はお金がなくて本当に大変だったのである。

◆マンション購入は気持ちが動いたときに

私が「向かいのアパートのおばあさん」をきっかけにマンション購入を突然、決意したように、ある日、急に現実が迫ってくることがある。そんなときが住まいの購入には一番よく、負債を抱えるのはそのときでいい気がする。「今しかない！」という覚悟ができるときだ。それが何歳かはわからないが、それまで手堅く貯蓄に励むことだ。

◆貯蓄は大切。でも使うことも大切

お金を貯めることは大切だが、貯めていただけではだめで、使わなくてはまわらないと思う。海外ホームステイやボランティアへ行くには、どちらも二〇万円ほどの予算が必要だ。私は雑収入が振り込まれるB銀行の残高を見て、行けるようなら行く。

親戚の子どもたちにお年玉なんてやらないけれど、人生において必要なときには援助すると言っていて、大学入学費用を援助したり、フィリピンでのボランティア活動に連れて行ったりしている。ただ貯蓄するだけじゃなくて、自分やまわりの人たちが充実した楽しい人生を送るために有効に使うことは大切だと思う。「シミシミ貯めて、どーんと使う」のが私のお金の使い方だ。

◆生命保険はもういらない

ローン返済で生命保険を解約してからは、終身保険と医療保険に加入している。終身保険は二つ加入していたが、最近どちらも満期となり、年金で受け取っている。医療保険は六〇歳になってから入ったもの。入院費や手術費、ガン保険もふくまれていて、年額二〇万円ほど。

生命保険に入っていないので、私が死んでもお金は出ない。葬式は簡単な区民葬にしてもらう予定なので、最終的には三〇万円ほど残しておけば、いいと思っている。

いかがなもんでしょうか。

第４章　老いの心意気編

自分の後始末は自分でしていきたい

——負の遺産を残さない生き方

歳を重ねて、やっとズボラな私になれた！

◆健康には睡眠が一番！　でも昔は不眠症だった

さて、私はこれからどのように老いてゆくつもりなのか。「老いの心意気」のようなものをここでは書き留めてみたい。

まず「死ぬまで元気でいたい」ので、健康でありたいと思う。私の健康法は食べること、働くこと、寝ること。この三つがちゃんとできていれば元気である。中でもとにかく寝るのが好き。朝も二度寝をするし、ちょっと時間があるとすぐに寝る。昼寝もしょっちゅうしている。

でも実は私、昔は不眠症気味で眠れなかった。今は「ま、いっか」がモットーで、おおざっぱで、いつでもどこでも眠れるのだが、三五歳くらいまではけっこう神経質でいつもピリピリして、ギスギスしていた。

もともと根っこにはズボラなところはあったと思うけれど、三二歳のときにある出来事があり、それからは「そんなにギスギスすることないいんじゃないか」、「もうちょっとのんびりしてもいいんじゃないの」と自分に声をかけるように生きてきた。

そうしているうちにあまりクヨクヨしなくなり、先のことを心配してもしょうがないと思うようになったし、行き当たりばったりも楽しめるようになったのだ。

◆飛行機に乗り遅れてから、人生が変わった！

その三二歳のときの出来事というのは、飛行機に乗り遅れたこと。

ひとりでアメリカへ行ったとき、旅の途中でニューヨークからフェニックス空港乗り換えで、サンフランシスコに行く予定だった。ところが嵐のために飛行機が大幅に遅れてニューヨークを飛び立ったため、フェニックスでの乗り換えの飛行機には間に合いそうにもない状況になってしまった。飛行機が飛び立ったときには、頭の中がパニックになり、顔が真っ青で、隣りの席の人や乗務員さんから「大丈夫か」と心配されたほどだった。

飛行機の中で「困った、困った」とうろたえ、どうすればいいのかと混乱していたとき、「今、私は地球でひとりぼっちだ」と痛烈に感じた。

「何でも自分の計画したとおりにはいかない。ああ、もう世の中ってそんな思いどおりにはいかないんだ」「それなら逆らわずに、なるように、流れに沿っていったほうがいいんじゃないか」とも感じ始めたのである。

結局はフェニックスからロサンジェルス行きの便があったので、とりあえずロスまで行き、それからサンフランシスコまでたどりつくことができた。

これがたったの八時間ほどの出来事。その極度の緊張感と不安の中で、考え方がコロリと変わった。**「人生バタバタしていてもしょうがない！」と悟ったのである。**

もちろん、すぐに性格がコロリと変わったわけではないが、だんだんと「ま、いっか」と思えるようになってきたというわけである。

そんな経験はたいしたことないと人に言われてしまいそうだが、私には衝撃的な経験だった。私のような生真面目な人間にとっては、究極の困惑と不安の経験だった。最初からいい加減だったら、「まあ、嵐だし、しょうがないや。フェニックス泊まりでもいいかな」と思えるのだろうが、ちゃんと行かなくてはと思うから「大変！　どうしよう！　困った！　困った‼」と大パニックになってしまった。もし友だちと一緒だったら心強かっただろうが、何しろ初めてひとりだったので「ああ、どうしよう」と不安ばかりだった。でも、あとから考えると、ひとりだったからこそ強烈な体験になってよかったのだけれど。

◆精神安定剤が手放せなかった二〇代

その頃までは本当に眠れなくて、年中、夜中にパカッと目を覚まして、「これから私はどうする？」と考えてしまい、不安になると眠れなくて本を読んだり、起き出して仕事したり。寝つきが悪いうえに眠りが浅く、夜中にも目を覚ます。だから精神安定剤をよく飲んでいた。今だから話せるが、ほんとによく飲んでいた。「私には絶対に欠かせない薬」で、薬オタクのように、バッグの中から薬がすぐに出てくるような人間だったのだ。でも三八歳頃からは、おかげさまでほとんど飲んでいない。

たまに今でも眠れないこともあるけれど、化学物質の薬よりは、漢方薬のほうがいいと思って、漢方の勉強にも通って、なるべく漢方に切り替えるようにしている。

私は風邪もひきやすいのだが、そんなときは漢方薬で治している。だから冷凍庫の中は漢方薬ばかりが入っているのである。

◆小さいときから真面目な子どもだった

私の小さい頃を知っている人からは、「ものすごく神経質な子どもだった」とよく言われる。いつもきちんとしていて、ピリピリしていた。

大学生になっても当然、真面目な学生だった。大学時代、一回だけ遅刻したことがあり、それがたまたま試験だった。遅刻で試験が受けられず、追試になったのだけれど、それがトラウマになるくらいショックだった。友だちの中には、「追試があるからまあいいや」と、遅刻しても平気な人がいたけれど、私は全然ダメ。追試になったことで自分をずいぶん責めた。真剣に勉強していたし、とにかく何にでも真剣そのものだったのである。

◆消費者相談室の仕事は、人生の「修行」だった

三五歳になり、少しピリピリの神経質体質が治ってきた頃、百貨店で消費生活ア

ドバイザーとして勤め、お客様からのご意見や話を聞くという仕事を始めた。昔の私だったら、絶対にピリピリしていて、できなかったと思う。「オマエさんはピリピリばかりしているから、これからは他人の話や、苦情もよく聞いて、もっと幅広い人間になりなさいよ」と神様から言われたような気がして、この仕事を始めることにしたのだ。

けれども最初の頃は、知識はあっても人の話を聞くのは大の苦手。大変だった。お客様の怒鳴り声も聞かなくてはならないのが苦痛で、「なんで私はここにいるんだろう」といつも逃げ出したくなり、どうぞ電話が鳴らないでくれと祈っていた。電話が鳴るたびにドキドキしていたし、私しか電話をとる人間はいないのに、誰か他の人が電話に出てくれないかな、などと思っていた。

でも不思議なことに、「お坊さんが滝に打たれて修行するのと同じように、私のこの状況は私という人間の幅を広くするための修行の場なのだ」と思えるようになったら、ありがたく仕事ができるようになった。

商品についての勉強ができ、人間の心理を読めるようになり、そして人間の修行もでき、しかもお金ももらえるのだから、こんなありがたいことはないではないか。

そして消費者相談室の仕事を続けるうちに、「こんなことが気になる人もいる」「こんなことで腹を立てる人もいる」「だから自分は心が狭くならないようにしよう」などと思うようにもなり、次第に自分の幅も広げてもらえた感じがする。いろいろな人と話したことが私の肥やしになった。多種多様な人と接することが、私にはとても大事だったのだと思う。

◆今は少しぐらいの不安があってもぐっすり眠れる

そんなこんなの経緯があり、その結果、よく眠れるようになった。

あのままの、生真面目さで生きていたらつらかったと思う。真面目すぎていろんなことが受け入れられなかった。人との付き合いもスムーズじゃなかった。年柄年中、精神安定剤を飲んでいたくらいだから、その頃はつらかったのだろうと思う。

今は眠れないことはあまりない。友人の脳幹出血を目の当たりにしたときはショックで、「自分の死もそのようにやってくるのかな」と考えたりして眠れないときがあったが……。たいていの場合は夜中に目が覚めても、本でもちょっと読むとすぐに寝てしまう。人間の性格は変わらないと言われるけど、案外、変われるのかもしれない。

平均睡眠時間は一日八時間。一二時間くらい寝ることもある。寝ることは体力がいるといわれるけれど、若い人並みによく眠れる。もうちょっと寝たいと思って二度寝はするし、昼寝もする。ぐっすり眠れることはいいことだと思っている。

死ぬまで健康でありたい

◆今のところ健康な私。体重測定は毎日

毎年、自治体からの健康診断のお知らせがくるので、年一回、健康診断を受けている。二〇一〇年に新しい仕事場で働き出してから、少し血圧が上がったが、その後は、今のところ、血圧も血糖値などの血液検査も異常はない。いちおう健康体のようである。後述するように指先に少々異常はあるが、これは健康診断では何も言われない。

いちおう健康。ただ、二〇一〇年に血圧が上昇してからは、一日一回薬は飲んでいるが。

体重はずっと五〇キロ未満だったのに、それが五〇歳を過ぎて五〇キロに。体

重がちょっと増えたら体調がよくなって、「体重は増えたほうがいいこともあるんだ」なんて思っているうちに少しずつ増えて、六〇歳では五二・五キロに。しばらく横ばいだったのに、数年前からまた増えだして、今では平均五五・五キロに。五キロも増えてしまった！　食べ過ぎたときは、五六キロに限りなく近くなっている……。

仕事の都合で食の時間帯が変わったのがいけなかったらしい。体重はあまり増えすぎると、体が重たくて行動しにくくなるので、毎朝シャワーを浴びたあとに体重計にのって、体重と体脂肪率をチェックしているが、毎日、「減らないな」とぼやいている。

◆運動は嫌い。でもせめて歩くようにしている

これまでの衣類も合わなくなったので何とか、あと二キロは減らしたいと思う。お酒を飲むと胃が活発になってつい食べてしまうから、太った原因は夜遅くの食生活の、飲み過ぎと食べ過ぎによるものだろう。食生活を見直して体重を減らす努力をしていきたいけれど、お酒も飲みたいし食べたいしで、減らすのはむずかしそ

うだ。

食べ物を減らせないとしたら、運動するしかないけれど、私は運動が苦手。何が嫌いって、一番嫌いなのが運動で、毎日規則正しくやるのが苦手。自分勝手にやりたいのに、運動ってそういうわけにはいかず、毎日続けることが大事らしいので、やりたくない。

でも歩くことは好きなので、なんとか歩くことでやせたいと思っている。気分がよければできるだけは歩くようにしている。

近くに自治体がやっているジムがあり、「六〇歳になったら無料だから一緒に行こう」と友人に誘われた。でもタオルとかうわばきを用意して持っていくという準備が必要らしい。そういうのが億劫なので、近寄らないようにしている。

外見も大事だが、内面をもっと磨く

◆お化粧より、食の充実で美肌をめざす

三年ほど前からお化粧をしなくなった。

顔を洗ったあとは、化粧水と乳液が一本にまとめられた「ドクターシーラボ」の化粧品をつけて、それでおしまい。顔色があまりよくない日は、体調が悪いと誤解されることもあるので、口紅だけはつける。

今までも、それほど熱心にお化粧をしていたわけではない。ファンデーションを塗って、口紅をつけるくらい。器用ではないので、目のまわりに細かくいろいろつけるのは苦手だったし。

お化粧をしなくなったのは、「なんでこんなに面倒なことをしなくちゃいけない

のか」と思ったことと、「外側に手間とお金をかけるよりも、食べて、中から健康になったほうがいいんじゃないか」と思ったからである。

お化粧に使うお金を食べるほうにまわしたら、もっとおいしいものが食べられると、食べることに興味のある私は思ったのだ。

肌の健康は食べることと寝ることだと思っている。今の私は栄養クリームをつけなくても、肌は乾燥しないし、日焼け止めクリームを塗らなくても、それほど日焼けしない。

お化粧しないのは吉沢久子先生も同じ。吉沢先生も九八歳でお化粧していないけれど、肌はピチピチでとてもきれい。やっぱり肌の手入れなんてしなくても、たくさん食べて、よく寝て、前向きで生きている人は、肌も元気なのだ。

◆私が大切にしている「むれの会」

私は吉沢先生が主宰している「むれの会」という勉強会に入れてもらっている。むれの会は同人誌を年に四回発行して、そこに自分の研究を発表して、その研究をみんなで合評《がっぴょう》して、研鑽《けんさん》しあう会で、もう四〇年以上も続いている。私は途中で入れてもらった。

九八歳の吉沢先生が一番年上で、七〇代を中心に、八〇代から四〇代までの一二～三人の集まりで、会合は月に一回である。

たとえば私が同人誌に発表し続けているテーマは「水」なのだが、それについての合評があり、「どうしてこのようなことが推察されるのか」とか「その文章の言い回しはおかしい」などと鋭い指摘がどんどん飛んでくる。調べたり考えたりすることが自分の研鑽になるし、自分のスタンスも見えてくるので参加し続けている。

むれの会には編集当番もあって、メンバーからいただいた原稿の校正チェックなどもしなければならない。たとえば私は歴史にうといので、「壬申《じんしん》の乱」を校正するとき、チンプンカンプンで、辞書をひきひき校正する。間違えると、容赦《ようしゃ》なく指摘されるから、気が抜けなくて大変でもある。

さらに以前むれの会では、食事当番もあって、みんなの食事を作っていた。そうなると自分のいつものレパートリーだけでは無理なので、新しい料理にもチャレンジする楽しみもあり、練習を重ねて、それによって料理の幅も広がった。

そしてむれの会にはいろんな立場の人がいるので、集まりでは多くのことが話題になり、興味深い。また、一〇歳以上年上の人が多いので、八〇歳になると「こういうこともあるんだ」「ああいうことがあるんだ」と将来のことも見えてくる。

だから私の生活にとってむれの会が一番大切なのだ。

◆九八歳の吉沢久子先生の言葉、「知らないことはいっぱいある」

吉沢先生からは、「いくつになっても勉強」とよく言われる。

私たちが知っていることなんて、世の中すべてのことからすればほんのちょっとしかなくて、知らないことのほうが山のようにある。だからいろんなことを一人ひとりが研究して発表し、それを聞くことによって、知らないことを知る機会にもなるのだと、おっしゃる。

九八歳の吉沢先生が「知らないことはいっぱいある」と言われるのはすごいと思うし、本当にそうだよなあと思う。

ある年齢になると、全部知ってしまったような顔になる人は多いのに、「いくつになっても、好奇心や興味を持つことが大事なんだ」ということを、このむれの会を通して教えてもらっている。

◆人生のモデルになる先輩が身近にいることがうれしい

むれの会では、吉沢先生以外のほかの方々もステキな生き方をしているので、私にとって人生のモデルである。

先輩たちはいくつになっても好奇心を失わない。このあいだも、「ずっと行ってみたかった遠野に行けたのよ」と喜んでいる先輩がいた。興味のあるところにはドンドン出かけるし、人にも会いに行くし、もちろん、古文書も読むし、美術館や図書館などへも足を運んでいる。

ステキな人生のモデルが近くにいることは大事だと思う。やはり、先達者の見習うべき姿がないと、自分でしっかりやっているつもりでも、どこか的外れというところがある気がする。近くでお手本を見ることができると、ああ、こんなふうになりたいと思うところが多い。

人生のお手本が近くにいて、私は恵まれていると思う。その方々を、月に一回、何年間も続けて見ることができるのもすばらしいことである。

私が「人生のモデルの先輩たち」の話を友だちにすると、だいたいの友だちはしばらくたつと、「私もそういう人を見つけた」と言う。見つけようとすれば、「こんなふうに歳を重ねていけたらすてきだな」という人を見つけられるようだ。やはり内弁慶や出不精ではなく、ちょっと外に出て、上手に歳をとっている人たちに出会うことは大切だと思う。

◆ホームステイで自分をブラッシュアップ

私が自分をブラッシュアップするために続けていることといえば、むれの会と並んで、海外ホームステイがあげられる。

ホームステイはだいたい一～二週間の滞在で、一九九二年からほぼ毎年一回、続けている。知らない土地で知らない家庭で、知らない人と、知らない話をするのは楽しい。

何度も海外に出かけていて、平気でホームステイまでするので、私が英語ができると思っている人は多いけれど実はあまりしゃべれない。それに英語圏内だけでなく、ドイツにもよく行くけれど、ドイツ語なんてまったくダメ。でもわからなくても尻込みしない。日本語でしゃべっても何とかなる。

私の生きがい、海外ホームステイ

海外ホームステイや海外旅行へ出かけたときのメモ用ノートたち。一冊が一回の旅。これからも体力と気力が続く限り、海外ホームステイやボランティアを続けたい。

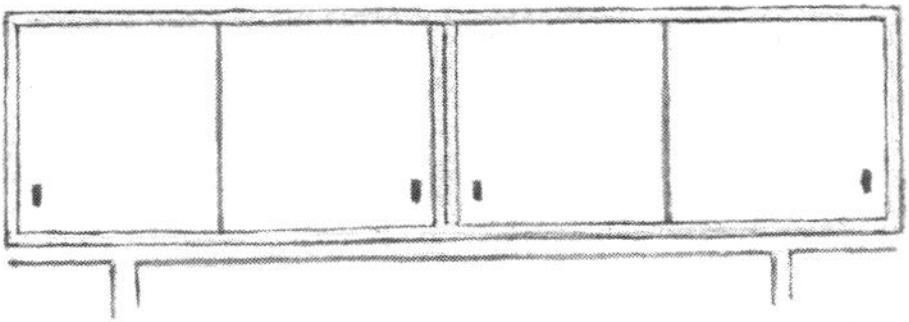

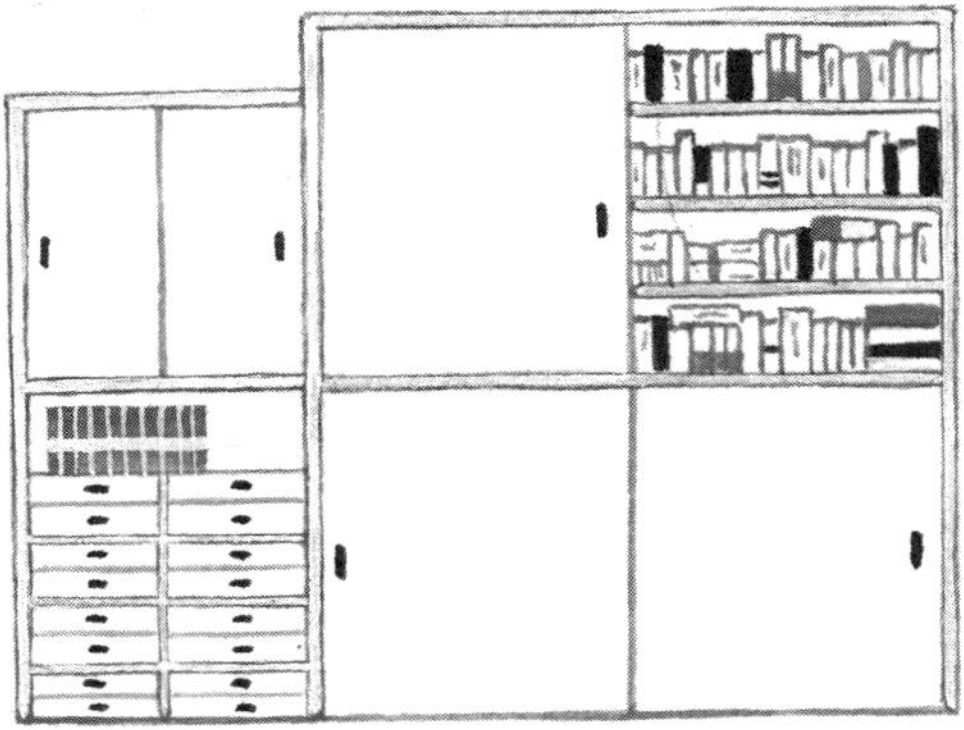

東日本大震災の後、それまであった本棚はすべて処分し、地震があっても動いたり倒れたり、本が崩れ落ちたりしないようにすべて作り付けにして、扉もつけた。

ことばも習慣もまったく違う他人の家でホームステイするなんて、昔の私だったら考えられない。若いときの私は親戚の家でも、うまくごはんが食べられないほどだったから。

今でも、昔の神経質な部分がひょこっと出てくることはたまにあるけれど、でも楽しめる。とても刺激的で、自分をブラッシュアップすることができる。

ホームステイの目的は、自分自身のブラッシュアップもあるけれど、基本的には環境問題をその国の人がどう感じているのか、何をしているのかということを肌で感じることにある。

私は「次世代に負の遺産を残したくない」と思っているので、いつも環境問題のことを考えている。旅行をしていても道を歩いていても、環境について考えている。環境についてかかわっていくことが、私のライフワークと思っているから。

昨年は北国のアイスランドに興味があって行きたくなり、アイスランド大使館に手紙を書いたり、ホームステイを紹介する機関などを探したけれど、うまくいかなかった。だめならしょうがないので、いつもお願いしているEIL Japan（日本国際生活体験協会）で、アイルランドのホームステイを依頼して、行ってきた。できれば環境に関心のある家庭というのが希望だけれど、なかなかうまくいかなくて、普通の家庭だったけれど。

今までホームステイしたのは、スウェーデン、フィンランド、デンマーク、ノルウェー、オランダ、スイス、ポーランド、イギリス、イタリア、フィリピン、アメリカ、スペイン、ニュージーランドなど。ドイツには何回も行っている。本当に各国、各家の暮らし方は様々。家族関係も様々だ。

◆ホームステイも当たり外れはある

アイルランドでホームステイしたとき、その家の人たちは、みんな超忙しくて、毎朝六時には出かけてしまって、家には誰もいない。私は留守番……。

さらに九月末だったのに急に寒くなって、気温が零度になってしまった。ものすごく寒いのに、その家ではスチームがつかない。家の人に聞いてみたら、スチームが壊れているんだけど忙しくて直すヒマがないという。とんでもないところにきてしまったと思ったけれど、しょうがない。

寒さに弱い私は、具合が悪くなってしまった。どうしようもないのでドラッグストアで湯たんぽを購入。湯たんぽの説明が大変だったけれど、なんとか話が通じて湯たんぽが手に入れられたのはラッキーだった。

そして一緒に買ってきたしょうがとハチミツでしょうが湯を作って飲んで、お湯を入れた湯たんぽを抱えてひたすら寝ていたら、翌日には体調がかなり回復。本当によかった。

でもアイルランドの英語はかなりくせがあって、私が聞き返してばかりいたら「この人は英語がしゃべれない人」ということになっていて、ますますコミュニケーションがとれなくなり……。

「何のためのホームステイよ」と最初は思ったけれど、どんな家でも家庭の中に入り込み、毎日の生活を観察するのは面白い。

一度、近所の遺跡見学に連れて行かれたけれど面白くなかった。遺跡じゃなくて、ゴミ焼却場に連れて行ってくれればよかったのに、英語が通じないとこういう結果に時々なる。

しかたなく、ホームステイ先の区役所へ行き、「おたくの街の環境問題を教えてください」とお願いしたら、むこうがあわてて「まとまった資料がないので、二時間後にきてください」と言われ、再度訪ねるといろいろ調べてメモ書きにし説明してくれた。まだあまり環境問題に取り組んでいなかったけれど、親切だった。こんなふうに初めての場所でも突撃隊をして、環境について教えてもらう。

その前に滞在したスイスの家庭は奥さんが日本人で、生活が日本そのもので、生活にはあまり新しい発見がなくてがっかりだったり。

でもそういうことがあっても、ホームステイするのはやめられない。

ホームステイにはもちろんひとりで参加する。海外へひとりで行くのは恐ろしいところじゃない限り大丈夫。宿が決まっていれば別に問題なし。

ホームステイはこれからも続けたいと考えているので、ますます毎日をケチらなくちゃならないと思っている。

◆ホームステイの目的は、環境に対する暮らし方を見たいから

歳をとると「ちゃんとしたホテルに泊まりたい」とか「日本人の添乗員がいなければいやだ」などと条件が多くなって、フットワークが悪くなる人が多くなる。

私はいいホテルとか、日本食でないとダメとか、そういう条件を作らないし、

「郷に入れば郷に従え」が私のモットーだから、なければないでしょうがない。多くを望まず、そのときに楽しければいいと思っている。

寒くなければどこでも寝られる。寒いのだけはだめなので、アイルランド以降は旅行では湯たんぽを持ち歩いている。

フットワークが軽いと言われるが、それは「環境に対するその国の暮らし方が見たい！」「行ってみたい！」「体験してみたい！」「聞いてみたい！」という気持ちが強くなるから出かけてしまうだけ。それは海外だけとは限らないのだが。

国内でも、「環境の問題でこんなことをやっている人がいる」と聞いて面白そうと思えば会いに行ってしまうし、「環境にいい施設がある」と聞けば行きたくなってしまう。

気軽に旅行へ出るには、あれこれ心配しないこと。完璧に用意をしようとか、予期しないことが起こったらどうしようとか心配しない。

たとえば「このお魚が食べたいな」とか「桜が見たい」と思うなら行けばいい。行ったらどうにかなるもの。行きたいという気持ちを大事にすることが、フットワークを軽くすると思う。

ひとりでもできる楽しみを持ち続ける

◆他人と楽しむのもいいけれど、ひとりの楽しみも持つ

たとえばテニスやゴルフ、卓球など、他人と一緒でないと楽しみにくいものは、メンバーの誰かが病気になったり都合が悪くなったりして参加できないと、できなくなってしまう。一緒に楽しんでいた相手と仲たがいしてしまい、できなくなることもある。

そうすると楽しみがなくなって、ぽつねんと暮らすことになってってしまう。

だから、自分ひとりでできる楽しみを持っていることは大切だと思う。

ひとりでできることとはどんなことなのだろうかと考えてみたら、それをやっているだけで単純に楽しいと思えることだ。

たとえば、私は英語の勉強を楽しんでいる。テレビを見ていてもラジオを聞いていても、英語の勉強なら楽しい。そんなこぢんまりした、とても個人的な楽しみがいいのかもしれない。

英会話も長々と習っている。最初はフィリピン人、次はイギリス人、スペイン人、そして今はニュージーランドの先生。私の都合のいい時間に一時間三〇〇〇円で教えてもらっていて、ホームステイするときの文章をチェックしてもらったりもしている。本当は週に一回とか決めればいいけれど、私は掃除でも何でも、曜日や時間を決めてしまうとダメなので、海外へ行く予定ができた二ヵ月前くらいから週一〜二回ほどを目安にして、現実的な英会話の授業をしてもらっている。

◆自分を磨くことを楽しむ

私はどうやら自己研鑽のようなことが好きなようだ。

英会話を習うこともそうだし、先生方の母国の社会情勢や文化について話してもらったりして、世界観が広がると楽しい。

調べたりすることも好きなので、図書館も好きで、たとえば水に関係することで、稲作はどうして日本に定着したのかなんて、調べているだけで面白くて楽しくなってしまう。仕事とはまったく無関係だけど。

新しい仕事を始めてみて、働くことも楽しい、面白いと、改めて感じている。いまの望みは、老人ホームから仕事場に通いたいということ。

◆小学生に家事を教えるボランティア

少し前になるが、仕事先の家に小学校二年生の男の子がいたので、「ちょっとやってみなさいよ」と掃除をやらせたら、面白がってやっていたことがあった。小学生に掃除や洗濯を教えるのも面白そうだなと思って、その子が通っている小学校に「指導に行きたいのだけれど」と聞いてもらったら、「どうぞいらしてください」と返事があったので教えに行ってきた。

生活科の時間ということで、掃除の仕方と、うわばきの洗い方をテーマにした。科学的に「こういう素材のときはこんなふうにやると汚れが落ちる」などと説明すると、子どもたちは興味津々で聞いてくれたし、私も子どもたちの反応が楽しかった。「また機会があればいらしてください」と学校の先生が言ってくださったので、また行きたいと思うし、他の小学校や中学校にも教えに行きたい。もちろんボランティアだが。

ボランティアといえばもうひとつ。

私は地球環境に関心があって、環境問題に熱心なドイツに視察に出かけたり、エコについていろいろなところで発言をしている。

そのひとつとして、ミャンマーで医療活動に参加した。地球上にはさまざまな格差があるけれど、劣悪な環境の人たちをもう少しレベルアップして格差を縮めたい。

格差の下のほうの国々ではゴミの問題や工場排水、排気ガスの問題があっても解決する力がなく、環境汚染が進んでいる。これらの国々のレベルアップのために何かしたいと思ってやり始めたのが医療活動。医療活動をしている医療チームに薬剤師として入り、お医者さんや看護師さんと医療に携わった。

◆自分が受け取ってきたものを、どこかで誰かに還元したい

私がボランティアをするのは、今まで自分が受け取ってきたものを、どこかで還元したい、返したいと思うからだ。また、人はひとりでは生きられなくて、どこか

でつながっているもの。そのつながりを確かめ合いながら生きたいと思うからでもある。

老人ボランティアでもいいけれど、私は読み聞かせもできないし、面白いこともできない。うちの妹はヘルパーをやっているので、そちらはまかせて、私は外に出ている。これからの日本は日本の国の中だけのことをやっていてもうまくいかないだろうから。

私に何ができるだろうと考えたとき、まがりなりにも薬剤師の資格を持っているので、医療の仲間に入らせてもらえたら、薬を出すこともできる。

こういう医療活動は旅費や滞在費はもちろん自分持ちなので、参加するには費用がかかる。全部自分持ちで、一回の海外ボランティアで約二〇万円ほどかかる。シャワー時間を五分におさえて貯めたお金はボランティアで使っている。

◆海外へ行くと、自分が恵まれていることがわかる

「ボランティアは持ち出しも大きいけれど、それだけ大きなものを得ることができるのか?」と問われると、ちょっと考えてしまう。それは自分でもよくわからない

から。

　だけど何かを得ているとは思う。たとえば日本にいると、自分は中流の下のほうにいるかもしれないと思ったり、こんなに貯金がなかったら生きていけないなんて思ったりもする。だけど大きな地球規模でみると、私でも「こんなにいい暮らしをして快適に生活をしてとても恵まれている」と感じる。

　海外では、ほんのちょっと薬があれば治ってしまうことも多いのに、薬がない。マラリアにかかって苦しんでいる人に、薬を飲ませる。すると、三〇分くらいでよくなって自分で歩いて帰すことができる。でも、もし薬がなければ、この彼女は死んでいたはず。

　そんなふうに死と隣り合わせで生きている人たちからみたら、私は幸せな生活をしていると思う。

　それに、私が一生懸命に医療活動にたずさわったことで、彼女は元気になって家へ帰ることができたと思うし、自分のやったことが少しは感謝される。ああ、一生懸命にやってよかったと思える。自分だって役に立つのだと思う。対価を求めなくて無償でやること、誰かに役立つことは大切なのだと思う。

◆ちっぽけな存在だからできること

また、私なんてとてもちっぽけな存在だと思う。ひとりの力なんてすごく小さいと思わされる。それだったら一生懸命やればいいんだと思うことにしている。一生懸命にやることを確認しに行く意味もあるのかもしれない。

それに意外と、ボランティアが私の生きる支えになっているのかもしれない。六〇歳を過ぎてひとりでいる人に、こうした存在意義のつながりがあることは重要かもしれない。

「二〇万円も出すなら、もっと違う使い道もあるのに」と言う人もいるけれど、でも**自分が役に立っている喜びを感じたり、一生懸命やっている自分を確認できたら、それこそ、自分が「生きている」ことにつながっているかなと思う。**

「生きる力」まではいかないかもしれないけれど、私にとって、そのようなものになっているのかもしれない。

次世代に負の遺産を残したくない

◆高度成長期を享受した私たち世代だからこそ

私たち六〇代、七〇代はちょうど高度成長期に育ち、いい時代を過ごした世代である。だからこそ、次の世代に負の遺産を残したくないと思う。私が環境問題にかかわり続けている理由である。

四〇年くらい前、私はゴミ焼却場やゴミの埋立地を見学したことがきっかけで、「環境問題で、自分ができることを何かしてみようかな」と思った。何でも「知りたがり屋」で「フットワークの軽い」私は、琵琶湖の環境汚染に取り組む人たちの話を聞きに行き、そこからの紹介で、環境問題に先進的な取り組みをしているドイツのフライブルグ市へ、環境の勉強に出かけてしまった。

フライブルグは「環境都市」として世界的にも有名で、行政、住民、企業があらゆる方面から環境問題に取り組んでいて、とても勉強になった。今でも定期的に訪れて刺激を受けている。

「環境問題って何をすればいいの？」と聞かれることも多いが、大切なのは自分で考えて自分で行動を起こすことである。まずは地球の環境がどれだけ危機的状態にあるかという事実を知ること。そして、それがいかに私たちの生活に直結しているかを理解してほしい。

私たちは一日生きているだけでも、炭酸ガスを一キロも出している。電気を使ってもガスを使っても炭酸ガスは出るし、ひとつのものを作ることでも、処分することでも、炭酸ガスは出る。炭酸ガスが地球温暖化につながっていることは周知のとおりである。

つまり、遠い企業が地球を温暖化させているのではなく、私たち一人ひとりが関わっている。

「温暖化対策などの環境問題は国が考えて何かすることだ、自分には関係ないこと」ではすまされない。まずは自分がやらなかったら何も変わらない。他人に指示されてやるのではなく、自分で考えて行動するのが大事だといつも思う。

◆環境問題に知らんぷりでいいのだろうか

環境問題については若い人のほうが真剣に考えているから、話が合う。六〇代、七〇代になると、「そんなこと言っても、もうしょうがない」と無関心な人が多いのはなぜだろう。「次世代に負の遺産を残してはいけない」と考えている人は少ない気がする。

たとえば私たちの世代の子どもの頃、洗濯機が登場した。洗濯がラクになったからといって、洗剤をたくさん使って洗濯して、川も海も湖もぐちゃぐちゃにしてしまったが、ほんとうにそれを知らんぷりし続けていいのだろうか。

そしていまだに、コマーシャルを信じて、洗剤を必要以上に使い続けていいのだろうか。

環境問題は六〇代や七〇代が中心になってやるべきことだと私は思っている。

環境問題で今、私がやっているのは、いろんなところで「環境問題をもっと一人ひとりが考えようよ」と発言していることである。

そして私自身が、環境問題を考えたシンプルな暮らしをすること。「ものを買うときは本当に必要なものかどうか考える」「包装が過剰でないものを選ぶ」「食品は最後まで食べ切って、ゴミは少なくする」「車には乗らず、徒歩や自転車、電車を利用しよう」「すぐに買い替えず、修理しながら大切に使う」などを実行し、どんな生活が環境にいいかを常に考えながら暮らしている。

環境について関心を持つ人が少しでも増えることを、私は願っている。

エピローグ

ないものねだりをせず、今あるものを大切に

◆老化は未知との遭遇

私は、手の指の第一関節が曲がりはじめている。これはヘバーデン結節関節炎という、変形性関節症のひとつで、治らない病気である。

つき指をした覚えもないのに変だなと思っていたとき、たまたま自治体の健康診断があり、そのときに医師に聞いてみて、はじめて病気だとわかったのだ。手の指の関節が変形していく病で、「先生、これからどうなるんですか」と質問すると、「全部の手の指の第一関節が曲がったら止まるよ」と言われてしまった。

そのときは一生懸命にインターネットで治療法を調べた。治療方法としてすごく痛い注射もあるけれど、私は痛いのはだめだし、完全にそれで治るわけでもないの

で、今は「曲がったら曲がったでいいかな」と思っている。

老いていくと、若い頃には考えもつかなかったような症状が体のあちこちに出てくる。これも「未知との遭遇」で、面白いと思うようにしている。

◆新しいことには時間がかかるけど、挑戦！

歳を重ねるにつれて、新しいことを覚えにくいし、取得するのに時間がかかる。

私も以前は、パソコンなんてエネルギーの無駄遣いだと思っていた。だけど使いこなせるようになってみたら、インターネットで世界が広がった。情報を調べるのにとても便利だし、面白い。

六〇歳にもなると友だちも少なくなったり、交流も減ってきたりして、だんだん情報も狭まってくる。あるいは親の介護などでなかなか外出できない人もいる。だからインターネットは、高齢者には欠かせないものだと思う。

新しいことに挑戦するのは面倒に思うかもしれないけれど、未知のものと出会えれば、必ず、世界は広がって面白くなる。

◆若い人たちと交流しよう

また、同じ世代の人とばかり話していると、話題も限られてくるし、世の中を見る視点も狭くなってしまう。私は若い人たちとも積極的に付き合うようにしている。若い人たちと話すと、新しい情報が入ってきて新鮮だし、若い人たちの考え方は刺激的で楽しい。

若い人が相手でも、私はこちらから「ごはん食べに行かない？」と発信する。私は「『今度』と『おばけ』は出ない」と思っているので、約束するときは、「今度ね」ではなく、「今度は何月？」「じゃあ、夏にね」などと、そのときなるべく具体的に決めておく。

でも、若い人と交流したいと思っても、若い人たちとの共通の話題がないとむずかしいかもしれない。共通の話題なんて、映画でもケーキでも、なんでもいいのだけど。

私は、ボランティアで一緒にミャンマーへ行った若い看護師さんと仲良しになって、プライベートでも会って話をするのだが、「ミャンマーはこうだった、ああだった」とか、彼女はその後にボランティアでオーストラリアやインドへ行っているので、「どうだった？」と聞きたいし、私はドイツにホームステイしているのでその話をしたりしている。ボランティアに共通の関心があるから、話もたくさんある。年齢に関係なく、話ができる。若い人と会うのは「未知との遭遇」。たくさん話をする機会を持ちたいと思う。

また、私は若い人から、忘年会だよ、花見だよと誘われるとすぐに行く。「こんなオバサンが参加してもいいのかしら」なんて全然思わない。第一、自分をオバサンとも思っていないが。

でももちろん失敗もある。「未知との遭遇だ」と面白がって興味を持って首を突っ込んでも、ダメだったこともある。他人の悪口ばかりで盛り上がるとか、そんな集まりのときは、早めにサヨナラをする。**引き上げどきの決断は早くにしたほうがいい。**

◆できたことを喜び、できなかったことは忘れる

こんなふうに私は、毎日を面白がって生きたいと思っている。

そして、**やろうと思ってもできなかったことはたくさんあるから、できなかったことを数えるのではなくて、できたことを数えるようにしている。クヨクヨしていると、今のこの時間を楽しむことができなくなってしまう。**クヨクヨ悩んでいると「ごはんがおいしくできてうれしい」とか、「今日の朝日はきれいだな」と感じる余裕もなくなってしまう。

考え方をそういうふうに持っていかないと、心配のために生きるようになってしまう。いくら心配したって、心配したような事態にならないかもしれない。あるいは楽しいはずだったのに、やってみたら楽しくないときもあるかもしれない。でもそれはそれでしょうがない。「ま、いっか」とさらりとあきらめる。うまくいかなかったことには「そういうときもある」と。

私は毎朝、鏡に向かって「おはよう」と言う。「ちょっと太りすぎじゃない〜」「ちょっとやせたわね！」と声をかけている。年老いても、ちゃんと生きていける自分をつくらなくちゃ、と思っている。

◆自分の葬式は質素に。ただし、ごく普通に

もし、私に何かあったときは普通に、質素に葬式をしてもらい、散骨などもせず、埋骨してもらうつもりである。突飛なこと、個性的な葬式というのは結局、まわりに迷惑をかけるような気がするからだ。

私の郷里は新潟県新潟市だが、わが家のお墓はちょっと離れた新発田《しばた》市にあり、私は将来、その墓に入ることにしている。最後はやっぱりふるさとに骨を埋めたいと思うからだ。上京してもう半世紀はたっているのに、いまだに私は出稼ぎ気分が抜け切れないのかもしれない。

ただし、わが家は本家でありながら、私たちきょうだい、妹も弟も結局はみんなひとり暮らしで、誰一人子どももいない。つまり、私たちの代で絶《た》えることになる。お寺としても初めてのケースとのこと。だが、まだ正式にどうしてほしいかの申し入れはしていない。いずれ近いうちに、具体的な話はしておかなければと思っている。まわりの人の話からも、そんなことが日本のアチコチで起きているんだろうな、とうかがえる。

私の母のモットーは「ないものねだりはしない」である。私も今あるものを大切に感謝し、一日一日を楽しく暮らしていきたい。

二〇〇八年　夏

阿部絢子

文庫版エピローグ

新しい仕事を始めて「未知との遭遇」を楽しんでいる

◆退職勧告をされ、薬剤師として働き始めた

六〇代の女ひとり暮らしを綴った本がこのたび文庫版となり、大変うれしい。この本を書いたときは六三歳だった私も七一歳となった。今も変わらず、元気に女ひとり暮らしを続けているが、せっかくの機会なので、その後の暮らしをお伝えしておきたい。

大きく変わったのは薬剤師として働き出したことだ。私は三〇代からフリーランスの生活研究家と、銀座の百貨店での消費生活アドバイザー（契約社員）の二足の草鞋《わらじ》をはいていた。ところが百貨店から退職勧告を受けて、六四歳のとき、週三日の勤務が週一日の勤務となり、定期収入の月額十五万円が四万五千円になった。

老後の不安要素の一つにお金のことがあるが、出版不況でフリーランスの仕事の収入アップはむずかしい状況なので、私は不安になった。食費などの節約にも限度がある。

そこで新しい仕事を始めたのだ。求人広告を見ると、ちょうど良いことに、大手スーパー経営の薬局薬剤師の求人があるではないか。電話をかけて面接に行くと、即決で採用され、ドラッグストアで働くことになった。応募を決断してから採用まで二週間という速さだった。

二〇一〇年三月からは週一回は消費生活アドバイザー、週二回は薬剤師として働いた。今までほとんど座り仕事ばかりだったのに、立ち仕事だから、体力的にかなりきつい。商品を運んで品物を並べる仕事もあるので腰痛にもなる。レジの扱いひとつでもわからないことだらけだから、気疲れも当然ある。

しかも、その年の八月、故郷の新潟に住む母が倒れて緊急入院。母と暮らしていた統合失調症の弟も、ひとり暮らしは無理なので、入院が必要となる。それまで新潟へは年一回ほど顔を出すだけで良かったのに、月一～二回は通って、二つの病院に顔を出し、母の退院に備えて、母の家を片づけた。

新しい勤務先は休みにくいこともあり、二〇一〇年は忙しく動きすぎて体調もくずした。身体と相談しながら活動しなければいけないと痛感した年でもあった。

◆東日本大震災後にはリフォーム

そして二〇一一年三月の東日本大震災では、書斎にある本棚のひとつは倒れたが、真ん中に置いてある大きな本棚はびくともしなかったので、倒れた本棚を処分しただけで「もうわが家は安心」と思っていた。ところが八月になってからよく見ると、恐ろしいことに二〜三センチも本棚の位置が動いているではないか。

この本棚は約千冊の本や資料が入っている。本棚が倒れて死ぬならいいけれど、下敷きになったまま動けなくなるのは嫌だ。自分では動かせないので、工務店に解体を依頼したら、震災後の補修工事で忙しいという。工事の予約をして、それから膨大な本と資料の整理を始めた。

一日一時間と決めて取り組み、本も資料も半分以下にした。専門の家事関係のものと、これから先も取り組んでいきたい環境と歴史関係のものだけ残した。結局三カ月ほどかかった。

二〇一二年、工務店に大きな本棚を解体して撤去してもらい、作り付けの本棚を取り付けてもらう。これで地震があっても安心だ。

ついでに、西日がきつい寝室には遮熱フィルムを貼り、寝室と和室の窓は暖房効果を上げるために二重サッシにし、寝室にはエアコンも新たに取り付けた。これらの工事の費用は約四〇万円。工事はいつもまとめて同じ工務店に頼んでいる。このマンションに入居したときのリフォームからの長い付き合いで、押入れのリフォーム、室内物干しの設置などもお願いしている。細かい注文も聞いてくれて、工事も上手で、不備なところがあれば文句も言える。

ネットで探せばもっと安くやってくれるところがあるかもしれないが、私はネットの情報を信用していない。家の建築や工事は、絶対に工賃が高いほうが腕はいいものだ。ある程度のお金をきちっと支払わないと、良い住環境を得ることはできないと思う。今回も、この工務店の仕事には満足で、文句はなかった。

◆仕事では失敗ばかり。でも働くのは楽しい

二〇一三年二月、六七歳のときに、完全に百貨店の消費生活アドバイザーを退き、

週二回の薬局の仕事だけとなったので、今後は週三回に増やすかもしれない。まだ保留案件で、これから考えようと思っている。

薬剤師の仕事を始めて、早くも六年になる。何年たっても失敗の連続である。記憶力が衰えていて、上司に何度説明されても覚えられない。やっとレジの使い方を覚えても、新しい機種になると覚えきれず、しょっちゅう間違える。できないことだらけだ。始末書をいっぱい書いて、店長に謝り続けている。

でもめげない。仕事だから。仕事ってそういうものだから。

落ち込んだりもしない。落ち込む人は自分ができる人間と思っているために、できない自分との落差に落ち込むのだ。

私は元々できないと思っているから落ち込まない。私はいつもダメで、失敗の連続。人付き合いも整理整頓も料理も試行錯誤の連続で、最初からうまくできたわけではない。

だから、この年になって急にできるわけがないと思う。今はできなくても、しばらくやっているうちにできるようになればいい。目指すのも大きな山の頂上ではなく、低い丘のてっぺんくらいのものだ。それに、そんなにたくさんのお金が必要なわけじゃない。ちょっとでいい。活躍している若者の足を引っぱってはいけないから、すみでちょこちょこ働ければいい。

薬局の仕事は、これまではカウンター越しに薬を販売するＯＴＣ（Over the Counter）だけだったが、今後は調剤もやることになっているので、これからは覚えることがさらに増える。お給料を減らされないようにがんばろう。簡単にお金が儲かることなんてない。「濡れ手で粟」なんてないのだ。汗水、鼻水たらしてやらなくてはダメなのだ。

といって、定年退職して、たっぷりの年金を受け取って働いていない人を、私はうらやましいとは思わない。なんにもすることがなくてかわいそうって思ってしまう。

働けば何か面白いことが転がっているし、お金も少し入ってくるし、世の中のためにもなる。働けることはうれしいものだ。負け惜しみではない。

勤務先の薬局までは駅から商店街を一五分ほど歩く。それも楽しい。私は飽きっぽいから、新しいこと、新しい場所が好きなのだ。働けるうちは働こう。

◆ドイツでハウスキーパーもやってみた

海外ホームステイにも、いまだに年に一回は行っている。昨年はドイツに住んでいる友だちの家に三週間ほど滞在し、その友だちの友だちや知人の家など四軒で掃除と片づけをしてきた。ワーキングビザではないから賃金はもらえないけれど、ワインやハチミツなどをお礼にもらった。

ドイツ語はほとんど話せないが、掃除はやることが決まっているから話せなくても困らない。掃除グッズは自分専用のものを持っていったし、私が書いた掃除の本も見せて、まかせてもらった。掃除好きのドイツ人だが、苦手な人もいるのだ。家の細部まで見ることができて、楽しく面白い経験だった。

いつか海外にも住んでみたい。死ぬのは日本で、と思っているので永住したいわけではないが、半年くらいは住みたい。仕事がなくてぷらぷらと遊んでいるのは嫌だから、一〇年後にどこかの国でおばあちゃんウエイトレスとか、ハウスキーパーをしているかもしれない。

海外からのホームステイも大歓迎で、今年三月にはスウェーデン人、一昨年はノルウェー人がわが家にやってきた。これからもドンドン受け入れたいと思っている。

◆老人ホームから薬局へ働きに行きたい

母は入退院を繰り返していたが、二〇一四年には大腿骨《だいたいこつ》を骨折して家事ができなくなり、二〇一五年五月には軽費老人ホームに入った。弟は入院が続いている。なので、今も生活研究家の仕事と週二回の薬局の仕事の合間を縫って、一ヵ月に一〜二回、新潟の母の施設と弟の病院へ通っている。

私はいずれ老人ホームへ入り、そこから薬局へ働きに出たいと思っている。すぐにというわけではないが、一〇年くらいかけてでも自分で見て回って探すつもりだ。どのような老人ホームがいいのか、自分でもわからないが、ただひとつ、私は大自然の真ん中とか、田舎での暮らしは苦手のようだ。ホームステイでニュージーランドの大自然の真ん中の家で暮らしたけれど、まわりにはスーパーもなく、羊と牛がいただけ。私にしてはめずらしく楽しめなかった。私は都会に暮らしたい。

でもグループホームがいいのか、サービス付高齢者住宅がいいのか、それはわからない。でもわからないから面白いのだ。人生はわからないことばかりで手探りで生きていくもの。それを面白がらずに、何を面白がるというのだろう。

失敗して私がめげるのは一瞬だけ。失敗には慣れているので失敗は怖くない。体力はさすがに衰えてはいるのでがんばりすぎず、無理はしない。しかし人生を面白がって、これからも「未知との遭遇」をしていきたいものである。

二〇一六年　夏

商品のお問い合わせ先

85ページ
◆木の葉形セラミックアロマ「グリーンノート グリグリ」
ESTEBAN TOKYO ／☎ 03-3541-3451 ／
http://www.esteban.co.jp

153ページ
◆プラグアタッチメント「ユニプルグ」
エイ・ピー・アイ／☎ 03-3781-1717 ／
http://apipulg.dousetsu.com

161ページ
◆「隙間ブラシ 70」◆「天井ブラシ 馬毛」（レデッカー）
◆「掃除ブラシ L」（イリス・ハントバーク）
◆「キッチンブラシ」◆「スクゥイジーモップ」（クロン）
以上すべてアクセルジャパン／☎ 03-3382-1760 ／
http://axeljpn.com
◆「あっちこっち掃除手袋」
クロワッサンの店 Web Selection ／☎ 03-3575-7726 ／
http://shop.magazine.jp/croissant
◆ちりとり（ノーマン・コペンハーゲン）
※ほうきとのセット販売となります。
インターネットショッピングサイト等で購入できます。

162ページ
◆ウルトラマイクロファイバークロス「MQ・Duotex」
ecomfort ／☎ 03-6805-1282 ／ http://ecomfort.jp
◆ファイバークロス「フキペット」
ダスキン／☎ 0120-100-100 ／ http://www.duskin.jp

お電話または、各ショップのホームページからお問い合わせください。
＊商品によっては入手できないものもあります。

本作品は、二〇〇八年九月、小社より刊行されました『老いのシンプルひとり暮らし』を加筆修正して文庫化したものです。

阿部絢子（あべ・あやこ）
1945年、新潟県生まれ。共立薬科大学卒業。薬剤師の資格を持ち、洗剤メーカー勤務を経て、生活研究家・消費者生活アドバイザーの経験を活かし、科学的かつ合理的、環境に配慮した生活全般にわたる提案をしている。また、世界各国の家庭にホームスティをし、その国の暮らし・家事・環境などを研究している。薬剤師として、現在も調剤薬局で働いている。
主な著書に『キッチンに一冊 食べものくすり箱』（講談社＋α文庫）『「やさしくて小さな暮らし」を自分でつくる』（家の光協会）『ひとりサイズで、気ままに暮らす』『老親の家を片づける ついでにわが家も片づける』（大和書房）他著書多数。

前向《まえむ》きに自分《じぶん》らしく
老《お》いのシンプルひとり暮《ぐ》らし

著者 阿部《あべ》絢子《あやこ》

二〇一六年八月一五日第一刷発行
二〇二二年七月二五日第一〇刷発行

発行者 佐藤靖
発行所 大和《だいわ》書房
東京都文京区関口一―三三―四 〒一一二―〇〇一四
電話 〇三―三二〇三―四五一一

フォーマットデザイン 鈴木成一デザイン室
本文デザイン 高瀬はるか
本文イラスト 姫野はやみ
編集協力 桜井千穂
本文印刷 信毎書籍印刷 カバー印刷 山一印刷
製本 ナショナル製本

ISBN978-4-479-30608-5
乱丁本・落丁本はお取り替えいたします。
http://www.daiwashobo.co.jp

だいわ文庫の好評既刊

阿部絢子

始末のいい暮らし方

ムダの少ない、気持ちのいい毎日のために

今日から心がけたい「食べっぱなし・着っぱなし・出しっぱなし・買いっぱなし・しまいっぱなし」。つましく豊かに暮らす知恵。

648円
210-1 A

大原照子

50歳からのシンプルライフ術

モノは必要なだけ。身軽に、気持ちよく暮らすコツ

毎日の家事には手間をかけず、モノはお気に入りを少しだけ。ひとりの時間がもっともっと豊かになる暮らしのアドバイスが満載。

600円
64-3 D

大原照子

シンプル家事ノート

掃除がラクなキッチン作り、すぐにきれいに片づく工夫、モノを探す時間が要らなくなる収納法など、シンプルライフの達人が伝授！

650円
64-4 A

桐島洋子

50歳からのこだわらない生き方

自由な心とからだで「本物の人生」を楽しむ

ついにあなたの番が来た！　もう遠慮はいらない。手放す。執着しない。人生の荷物を少なくし、自分のペースでのびやかに生きよう。

600円
186-1 D

橋田壽賀子

ひとりが、いちばん！

頼らず、期待せず、ワガママに

日常はシンプルに、義理のおつきあいはなし、無理せず気楽に暮らす秘訣が満載！「ひとり」をどうたのしく生きるかに、名回答！

571円
109-1 D

橋田壽賀子

夫婦の覚悟

責めない、束縛しない、思いやる

責めない。文句を言わない。過去にこだわらない。大事なのはこれから！　互いに感謝の気持ちでもう一度ゼロから夫婦を始める。

571円
109-2 D

＊印は書き下ろし

表示価格はすべて本体価格（税別）です。本体価格は変更することがあります。

だいわ文庫の好評既刊

下重暁子
自分に正直に生きる
人はひとりで生まれてひとりで死ぬ――命ある限り自分らしくありたい。暮らしの技術を磨いてひとりを生きる準備をしよう。
680円
298-1 D

阿川佐和子
グダグダの種
しみじみダラダラ過ごす休日の愉しさは「おひとりさま」の特権です！ ゆるくてスローで少々シアワセな日常を味わう本音エッセイ！
600円
174-1 D

有元葉子
オリーブオイルと玄米のおいしい暮らし
「元気の秘訣は玄米とオリーブオイル、そして野菜のおかげです」という人気料理家有元葉子のライフスタイルエッセイ。
650円
244-1 D

有元葉子
ためない暮らし
人気料理研究家が教える、食材を最後まで使い切るコツ、ものを整理してすっきりシンプルに生きるための処方箋。
650円
244-2 A

*ももせいづみ
季節のある暮らしを楽しむ本
日本人が大切にしてきた「しきたり」や「もてなし」、なぜその時期、その型で行うのか。暮らしを美しくするとっておきの工夫が満載！
600円
286-1 A

*NPO法人おばあちゃんの知恵袋の会
おばあちゃんが教えてくれた暮らしの知恵
節約&エコな「衣食住」の知恵から快適な住まい作りの裏ワザ、賢いリユース術まで。お金をかけずに暮らしを楽しむ188のコツ。
648円
217-1 A

*印は書き下ろし

表示価格はすべて本体価格（税別）です。本体価格は変更することがあります。